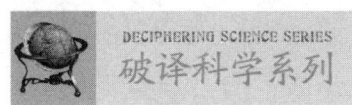

王志艳◎编著

中国地理
未解之谜

科学是永无止境的
它是个永恒之谜
科学的真理源自不懈的探索与追求
只有努力找出真相,才能还原科学本身

延边大学出版社

图书在版编目（CIP）数据

中国地理未解之谜 / 王志艳编著 .—延吉：延边大学出版社，2012.9（2021.6重印）
（破译科学系列）
ISBN 978-7-5634-5046-6

Ⅰ．①中… Ⅱ．①王… Ⅲ．①地理－中国－普及读物 Ⅳ．① K92-49

中国版本图书馆 CIP 数据核字（2012）第 221030 号

中国地理未解之谜

编　　著：王志艳
责任编辑：李东哲
封面设计：映像视觉
出版发行：延边大学出版社
社　　址：吉林省延吉市公园路 977 号 邮编：133002
电　　话：0433-2732435 传真：0433 2732434
网　　址：http://www.ydcbs.com
印　　刷：永清县晔盛亚胶印有限公司
开　　本：16K　165×230 毫米
印　　张：12 印张
字　　数：200 千字
版　　次：2012 年 9 月第 1 版
印　　次：2021 年 6 月第 3 次印刷
书　　号：ISBN 978-7-5634-5046-6
定　　价：38.00 元

版权所有　侵权必究　印装有误　随时调换

前言 Foreword

在地球上，在人类赖以生存的这片土地上，山川河流、莽原林海、荒地沙漠、湖泊岛屿……一切都是那么的优美令人心旷神怡；火山、海啸、地震、泥石流……这些又都是那么凶猛可怕令人畏惧。在这个地球上，还有多少地理现象用今天的科学发展水平尚无法作出解释，这些未解之谜不断地吸引着人们好奇心和探求欲，刺激着人们探究其真相的强烈兴趣。

为什么蒙顶山古井一打开井盖就有雨滴从天而降？嶂石岩回音壁是怎样形成的？三峡八卦阵隐藏着什么样的难解之谜？乐山卧佛是自然天成还是巧手妙作？北京曾是个大海湾吗？有会发出声音的石头吗？会"走路"的石头在哪里？谁点燃了庐山"佛灯"？魔潭的奇怪引力是怎么回事？……这种种的疑惑和问题，当你读完这本书，就会找到一些答案。

本书以一种全新的视角来解读与研究中国地理。我们在参考大量地理文献的基础上，结合最新的研究成果，从山川湖泊、高原林莽、荒漠边陲、海疆岛屿、古都城郭等方面入手，对中国地理未解之谜做了介绍和一定的剖析。

本书采用精练的文字、新颖的版式设计并配有精美的图片，力图达到很好的视觉效果，集知识性、趣味性、可读性为一体，将人们感兴趣的疑点与谜题全方位、立体地展现出来，引领读者进入精彩玄妙的未知世界，使大家在享受阅读、学习地理知识的同时，获得更为广阔的文化视野、审美享受和想象空间。希望本书能够激发青少年朋友更加努力学习科学文化知识，掌握探求知识的本领，去探索未知领域的真相。

本书在编写过程中，参考了大量相关著述，在此谨致诚挚谢意。此外，由于时间仓促加之水平有限，书中存在纰漏和不成熟之处自是难免，恳请各界人士予以批评指正，以利再版时修正。

目录 CONTENTS

蒙顶山古井之谜 //1

扬州"二十四仙桥"之谜 //5

"天涯海角"之谜 //8

长白山仙人洞之谜 //10

乐山巨佛隐睡山间之谜 //13

乌鸦只栖孔庙不栖孔林之谜 //16

北京景山公园坐像之谜 //18

会下石蛋的岩石之谜 //20

奇特的冷热洞之谜 //21

风洞之谜 //22

神奇鸳鸯井之谜 //23

千古之谜大鲜卑山 //25

川藏神秘星形碉楼之谜 //28

50元人民币上的瀑布在哪里 //31

北京中轴线指向的玄机 //32

黄土高原的黄土来源之谜 //35

石钟山得名之谜 //38

"香格里拉"之谜 //40

山西古堡之谜 //42

鸟吊山为什么会变为"鸟的地狱" //44

广西天坑未解之谜 //48

中国地理未解之谜
ZHONGGUODILIWEI JIEZHIMI

"恐龙山"盛产恐龙蛋之谜 //52

湖泊突然消失之谜 //54

四川措普湖之谜 //57

青藏高原成因之谜新探 //59

夏日避暑去何处 //62

苏杭山水藏谜团 //64

为什么"桂林山水甲天下" //67

为什么会形成长江三峡 //69

世界上最大的峡谷在何处 //72

大自然如何造就奇峰怪石 //74

本溪"怪坡"之谜 //76

发光的怪地之谜 //78

神奇的"子母"河 //79

鄱阳湖的沉船事件与北纬30°有关吗 //80

罗布泊是游移湖吗 //82

蛇岛为何只有蝮蛇 //84

不可思议的武当金殿 //86

越旱越涨的印天池之谜 //88

青海"魔鬼谷"之谜 //89

神秘的中国奇泉 //90

撒哈拉大沙漠"绿洲"的奥秘 //91

目录 CONTENTS

黑竹沟之谜 //92

喜马拉雅山的形成之谜 //96

新疆那棱格勒魔鬼谷之谜 //98

奇洞大观 //101

嶂石岩回音壁形成之谜 //104

硇洲岛海鸣之谜 //107

"阴兵过路"之谜 //109

长江源头之谜 //113

我国北方沙尘暴之谜 //115

钱塘江潮盛衰之谜 //119

龙游石窟群之谜 //122

幻境魔鬼城之谜 //127

间歇泉之谜 //131

"龙三角"的奇怪现象 //133

石钟乳开花之谜 //134

塔克拉玛干之谜 //136

敦煌石窟四人谜团 //138

三角形的108塔群之谜 //140

台湾岛是从东亚大陆分离而成的吗 //141

哈尼梯田是"世外之田"吗 //144

泸沽湖畔的"女儿国"之谜 //150

中国地理未解之谜
ZHONGGUODILIWEI JIEZHIMI

北京曾是个大海湾吗 //153

上海是怎么诞生的 //155

山西为何多"大院" //157

永远不倒的万里长城之谜 //161

九塞尊崇第一关雁门关之谜 //166

天下第一关山海关之谜 //168

塞外雄关玉门关之谜 //171

夜郎古国的确切位置在哪里 //173

月牙泉之谜 //176

西藏的"绿色江南"之谜 //178

蒙顶山古井之谜

我国四川被誉为"天府之国",在这里蕴藏着无数难以让人解开的秘密。然而,在四川的蒙顶山则更加的神秘莫测,这里有一口诡异的古井,它好像蕴藏了千百年来所隐藏的秘密。这口古井非常神奇,传说每当人们打开井盖的时候,就总会有或大或小的雨滴从天而降,有时更是狂风大作、雷雨交加。让人更为惊叹的是,每次打开井盖,下雨的现象都会应验。听到这个消息的人都感到莫大的惊讶,难道这口井真的有魔法吗?于是,许多专家都纷纷前来蒙顶山来观看这口怪井,想对这口井考察个究竟。

居住在蒙顶山一带的居民都知道这口井,它有着一种神秘的力量。经过对当地人多方询问得知,不管再大的太阳,再好的天气,只要把这口井的盖子打开,别处不下雨,井头顶上都要下雨,把盖子盖上,再没有落雨,盖子不盖,就长期落雨。记者随后翻阅了史籍,据记载,这口井名叫甘露井,又名古蒙泉,始建于西汉年间,迄今已有两千多年的历史,这不禁让人颇感意外,因为蒙顶山在中国西部的名山大川之中只是一座名不见经传的小山,海拔也不过一千多米,而此山中的一口井,却为何会受到如此的礼遇,并记载在古籍之中呢?这会不会和甘露井开盖下雨的神奇现象有关呢?

为了解开这个神秘的现象,专家们打算亲自打开井盖,一窥其中的奥秘。专家们专门找了一个天气十分晴好的日子,而且天气预报说当天蒙顶山不会有雨。来到蒙顶山,这口古井周围被石栏维护着,两边摆放着龙形石雕,千百年来岁月留下的痕迹依稀可见,古井上方朱砂题写的"甘露"两字格外醒目,井门上的龙形石盖也早已破损,难道揭盖下雨的神奇现象真的会出现于此吗?专家们对于这次的探寻并没有抱多大的希望。但是为了解开蒙顶山古井之谜,他们还是打算打开井盖一睹古井的神奇。井盖打开了,但是

△ 蒙顶山古井

过了五分钟之后，天空中还是一片晴好，并丝毫没有要下雨的意思，二十分钟过去了，依旧不见有要下雨的迹象。但是正当专家们失望地要返回去的时候，雨滴噼噼啪啪地从天而降。

简直太神奇了，难道这口古井真的能够呼风唤雨吗？产生这种现象的原因到底是什么呢？另专家们也大惑不解。

若仅仅是传说的话，则这口古井的神奇之处或许会有人怀疑，但是，奇怪的是在当地的古籍文献中居然也有关于这口古井显灵的记载。据史书记载，这口井里面本来有一条龙，最早的时候在我们蒙山那一带，就有点能够兴风作雨的本领。就使得当地产生一些水灾，按照我们现在的话叫泥石流，后来当地的政府和村民为了镇压这条龙，就修了一个井把它盖在里面，一旦揭开这个井盖，它就从里面跑出来了，出来自然就要下雨。在蒙顶山附近居住的村民中，也流传着有关这口古井众多版本的传说，传说中都试图解释着揭盖下雨的神奇所在，但由于代代相传，时间久远，至今都无人能解释这种神奇现象的缘由到底是什么，久而久之，这里的村民就把这口古井当做了能够祈求降雨的神井，每当天逢干旱的时候，村民就来到这里上香祈祷，把井盖打开，祈求上天能够给他们降点甘露，来缓解当时的旱情。那么，这些现象到底是什么原因造成的呢？专家们多方研究，期待解开答案。

有的专家认为，或许是因为在揭开井盖时声音太大，由于振动而引发降雨。据当地气象员介绍，蒙顶山山顶上空气湿度很大，常常是云雾缭绕，也就是说，空气中的水汽含量多数时间是处于饱和和接近于饱和状态。因此专家们认为，开盖主要是振动，开盖不光是开盖，它还有吼的声音。因为吼的声音引起空气振动，这样子若是湿度很大，就产生一点降雨，因此专家分析，产生这种现象的原因，主要是振动。甘露井的井盖虽然不大，但重量可不轻，当掀动它时，的确会产生不小的振动声响，难道就是这振动产生的声响影响到了天气变化吗？由于这个声波振动，在气象学界有一个非常经典的学说，就是蝴蝶效应。打个比方来说，就是在亚马孙热带雨林中的一只蝴蝶，振动几下翅膀就引起了它周围空气的变化，继而引起了热带气旋，最后在美国东海岸引起了飓风。虽然这只是个推理出的假象学说，但还是有它的科学道理。

专家们为了证实这种说法的真确性，于是就找来了两个铁盆子，而且边敲铁盆边大声叫喊。但是折腾了半天，并没有见一滴雨点从天上掉下来。要知道敲铁盆加上大声叫喊的声音远远超过了揭开井盖时振动所产生的声音，看来用振动来解释古井的怪现象是不合理的。

还有专家提出，会不会是因为空气遇冷而形成的降雨呢？由于蒙顶山一带天气比较冷，空气比较潮湿，井里面的空气就更冷一点，温度更低一点，如果你现在去把那个井盖揭开，手伸下去以后，里面感觉到凉凉的。长期在里面待着，关节都会感到凉飕飕的。关在里面的时间长了，空气的湿度很大，温度很低，特别是天气很热的时候，一旦揭开，里面的冷空气出来，湿空气一出来以后，与热空气一接触马上就形成雨。空气遇冷凝结成小雨滴，这种解释听起来似乎挺合理的，那么这会是甘露井揭盖下雨的真实原因吗？

气象学家们认为这种说法可能是不对的。因为井里的温度比外面低，水汽不会上升，由于温度低，只能下沉，只有暖的空气才会上升，按道理这个井盖揭开后，不可能形成降水。

此外，还有人认为，蒙顶山本来就是雨量较多的地带，出现这种现象纯属巧合，并没有什么神奇的。蒙顶山这个地方，地理位置是处于降水概率非常大的地方，海拔高度在1500米左右，降水非常充沛，应该经常都是云雾缭绕，而且从它的小地形来看，刚好也是有云雾缭绕的地势。蒙顶山的年均降雨量是1510毫米，年平均相对湿度是82%，这个地方雨量一直比较多，多年来，年平均降雨在210~220毫米之间。他们认为从气象学的角度，这个降水和揭井盖没有必然的联系。因为揭井盖以后，可能或早或晚的时候，就有降水发生。这些现象纯属巧合。

那么，蒙顶山的古井神奇之处到底是什么原因造成的呢？难道其真正原因就是由于该地区降水量充沛造成的吗，还有什么其他的原因吗？尽管降雨量充沛的说法似乎已经把蒙顶山古井的呼风唤雨的神秘现象解释清楚了，但是还是有人相信肯定这口古井的神秘之处还有其他玄机，只是没有揭开而已。我们相信，有朝一日会有一个更加让人信服的答案来揭开蒙顶山神奇的古井揭盖就下雨现象的真面目。

扬州"二十四仙桥"之谜

杜牧在《寄扬州韩绰判官》诗中写道:"青山隐隐水迢迢,秋尽江南草未凋。二十四桥明月夜,玉人何处教吹箫?"还有唐代诗人韦庄的《过扬州》诗最后两句也对二十四桥有过描述:"二十四桥空寂寂,绿杨摧折旧官河。"此外在其他诗文中再也找不到二十四桥的踪迹。五代时,由于战乱,扬州沦为一片废墟,而作为扬州繁华的结晶——二十四桥,也为人们所淡忘。再后来,"二十四桥在什么地方"也就成了一宗疑案。南宋的王象之在《舆地记胜》中说:"二十四桥。隋置,并以城门坊市为名。后韩令坤省筑州城,分布阡陌,别立桥梁。所谓二十四桥者,或存或亡,不可得而考。"

宋代科学家沈括曾经对二十四桥循着名字一一查找,在《补笔谈》中写道:"最西浊河茶园桥,次东大明桥,入西水门有九典桥,次东正当帅牙南门,有下马桥,又东作坊桥。桥东河转向南,有洗马桥、次南桥,又南阿师桥、周家桥、小市桥、广济桥、新桥、开明桥、顾家桥、通泗桥、太平桥、利国桥。出南水门有万岁桥、青园桥。自驿桥北河流东出,有参佐桥,次东水门东出有山光桥,又自牙门下马桥直南……"沈括在上面所列桥的名称凑成二十四桥之数,但是下马桥系明显重复,浊河下无"桥"字,亦难定为桥名,而极负盛名的禅智寺桥未列入其中,这不能不算是沈括的疏忽。

二十四桥历来纷争不已,关于它的说法也不尽相同。

第一种说法是认为二十四桥是一座桥。自宋代以来,二十四桥的几种说法已逐渐形成。其中能够确指是一座桥的,首推大词家姜夔。他在1176年冬至日来扬州,写下《扬州慢·淮左名都》的诗,其中写到:"二十四桥仍在,波心荡,冷月无声。念桥边红药,年年知为谁生?"这种写法,似乎是一座桥了。宋代还有几位诗人,他们描写的二十四桥,亦可认为是指一

△ 二十四仙桥

座桥。

第二种说法是认为二十四桥是二十四座桥。据《一统志》载，隋朝时曾置二十四桥于扬州。唐朝时仍可见到那二十四座桥，分布在当时扬州最繁华的街道上。

有人说，唐代末年的战乱，使桥全部倾毁了，但这只是猜测。又据说，到了明朝，二十四桥已全部毁坏，故明代程义德有"二十四桥都不见"的诗句。后来便有人认为"二十四桥"出现在文学作品中，不必太拘泥于现实。

第三种说法是认为二十四桥仅仅是泛指、代指。我国向来就有对数字概念采取含蓄、朦胧、夸张的方式来表达，尤其在诗词中为说明事物的不凡、感情的激烈，常常使用夸张数字，并不采取绝对数字。譬如"白发三千丈"、"飞流直下三千尺"、"山道十八弯"、"三百六十行"等，并非确数。那么杜牧的二十四桥是否也用了这样的手法来泛指扬州桥梁之多呢？这也是一种推测，是一种猜想的说法。

第四种说法认为二十四桥只是排序编号。有人认为，二十四桥是扬州城里排序编号为第二十四座的桥。依据是诗歌中常出现把桥编号的句子，如杜甫："不识南塘路，今知第五桥；"张乔《寄扬州故人》："月明记得相寻处，城锁东风十五桥"等。还有，宋代文人姜夔不仅在《扬州慢》中写过二十四桥外，还在《咏芍药》中写下这样的句子："红桥二十四，总是行云处。"那么，二十四是不是红桥的编号呢？他在《过垂虹》中有"曲终过尽松陵路，回首烟波十五桥"。尽管姜夔没有在数字前加"第"的字样，但使读者隐隐感觉到，编号说似乎存在过。或许在唐宋时期，扬州有很多桥，桥名不够用，只好用编号来代替。就像现在的城市小区内有几号楼一样。应该说这也是一种猜测，仅仅从古人的诗句来确定编号说法，显然没有足够的说服力。

第五种是一种传说。据明代齐东野人所撰《隋炀帝艳史》载：在一个月中天的夜晚，隋炀帝偕同萧后及十六院夫人等，至新造的一座桥梁上赏月，命朱贵儿吹紫竹箫，箫声飘飘有云之响，当时桥未定名，萧后请炀帝命名，因同游者二十四人，故名二十四桥。这种趣谈常为人乐道，其实是作者从杜牧诗中的明月、玉人、吹箫等字面而牵强附会出来的，不足为信。

二十四桥到底坐落于何处？到底是一座桥，还是二十四座桥？目前还没有得出一个唯一的答案，只是百家争鸣、众说纷纭。因此，二十四桥也就成了一个难解的谜。

"天涯海角"之谜

人们常用"天涯海角"代指僻远的地方。历代封建王朝往往把被贬谪的官吏流放到"天涯海角"之地。古代诗人也喜用"天涯海角"抒发情感，如唐代王勃在《杜少府之任蜀州》诗中有"海内存知己，天涯若比邻"；白居易《春生》诗中有"春生何处暗周游，海角天涯遍始休"的著名诗句。究竟"天涯海角"在什么地方，存在着不同的看法。

一种看法认为"天涯海角"就是在海南崖县，即今天的三亚市。相传海边石上"天涯"两字为北宋文学家苏东坡贬谪海南时所题，现已辟为"天涯海角"游览区。认同此说的还认为"由于崖县在古代交通十分闭塞……宋代著名的文学家苏东坡曾被流放到这里，现在这里还保留有苏公祠，祠内有苏东坡的石刻像和数块墨迹碑等"。张子桢主编《中国地理知识》在《"天涯海角"在什么地方》一文中说："我国确有'天涯海角'这个地方，就在海南岛南端，马岭附近的一个美丽的海湾处，现已辟为'天涯海角'游览区。这里东距崖县所在地——三亚26千米，西距崖城（原崖县旧址）22千米。在一片怪石中，有两块嶙峋的巨石，一个上凿'天崖'，另一个上刻'海角'，两相对峙，蔚为壮观。"

另一种看法认为"天涯海角"不止一处，并非专指崖县。据周去非《岭外代答》卷一记载：钦州（今广西灵山）有天涯亭，廉州（今广西合浦）有海角亭。"钦远于廉，则天涯之名甚于海角之可悲矣。"可见早在宋代钦、廉二州已有"天涯亭"、"海角亭"，一直保存至明清时期。据史载，"天涯亭"在北宋中期即已得名，而海南崖县的"天涯"、"海角"刻石时代要比钦、廉二州的"天涯亭"、"海角亭"晚得多。

关于崖县苏公祠问题，据《宋史·苏轼传》和《苏东坡全集》，苏

△ 海南天涯海角

东坡于绍圣四年旧历七月三十日从惠州抵达儋州，经居三年，于元符三年（1100）旧历六月离开海南北上，次年卒于常州。但没有任何资料证明他曾被流放到崖县，并曾在崖县刻石书写过"天涯"二字。因此，苏公祠之说系张冠李戴。郭沫若曾去"天涯"石刻实地查考，指出"相传为苏东坡所书，但字体殊不类"，其后得见《崖州志》，"既得此资料，因三往天涯海角目验"，"天涯"二字之旁"确有小字依稀可辨"，证明的确为清雍正十一年程哲书刻，与苏东坡无关。

长白山仙人洞之谜

　　长白山仙人洞位于吉林省抚松县城东南3000米的马鹿沟内,是集长白山、仙人洞、仙人桥、仙人河、仙人路、仙人峰"一山五仙"为一体的旅游风景区。仙人洞曲折幽深,神秘莫测。洞口处,古人所题"天然仙境",刻有《金刚经》上的偈语:"一切有为法,如梦幻泡影,如露亦如电,应作如是观。"洞外建有一群古建筑庙宇,有长白山如来寺、关帝庙、娘娘庙、钟鼓楼等。这里是天然景观与人文景观相结合的风景名胜。

　　仙人洞原名叫"文华洞",大约形成于6亿年前,属于窝卷灰岩,是由海相沉积、酸水冲刷后形成的。千百年来,人们传说仙人洞颇有灵气,纷纷上香祈祷,使这里香烟缭绕,信徒不断。仙人洞留下了许许多多脍炙人口的传说故事,同时也生出一些悬念,成为仙人洞之谜。

　　谜一是仙人洞到底有多长、多深?传说此洞可通到长白山,长达上百里,最上端在长白山梯云峰下的梯子河里。当年在仙人洞关帝庙当住持的王道长,字理存,6岁在山东莒县出家,来关帝庙多年,"文革"时洞封庙毁,隐居深山,在长白山深山里的江边架了一个窝棚,独自一人苦心修行,一住便是20多年,如今已是80岁高龄。据王理存回忆,当年他独身入洞探秘,在洞里连走带爬地探索了7天,里面洞连洞,大洞套小洞,宽的地方可以站立行走,窄的地方便得爬行。由于所带的干粮吃光了才返回来,临回来时在沿途都做了记号。

　　孟老道,字元修,在仙人洞的关帝庙住过多年。他也曾入洞探险,并在里面转悠了十多天,结果走迷了路,差点儿死在里面。他心有余悸,一提仙人洞就害怕,再也不敢进去了。

　　许多有识之士、勇于探险者从古至今纷纷入洞探险。有的探洞后回来说，往南行有一条小河，一步迈不过去，两步还有余，再不敢过，过去了就回不来了。

谜二是仙人洞古时是否有人居住？近些年在洞内发现了一些石斧、陶器，以及古代非常进步的刮血器。究竟有没有人居住，有什么人在内？1927年，王海涛道士在洞内打坐修炼，张元俊县长曾亲自入内拜望。在"文革"初期，"红卫兵"造反入洞，在洞的稍深处一座岩石上发现一名早已坐化了的道士，衣衫已成灰烬，石上有半口袋已经风化成粉末的小米。在一侧的入口处，有一石刻："亏心莫入"。意思是做了亏心事的人不能进洞，进去了再也回不来了，令人生畏。一些心虚的人说死也不敢往里走了。

谜三是仙人洞内究竟有没有生物？近年从洞中出土的文物中，有一些动物化石，有熊、鹿、狐等动物化石。这些动物是生活在洞内，还是从外面进来后死在洞内的？这的确是一个谜。王老道进洞时曾看见头顶的岩石上贴满了一层厚厚的蝙蝠，又黑又大，煞是吓人。

仙人洞，何仙所住？能否通到长白山？这确是待解之谜。

长白山仙人洞是长白山最大的自然溶洞。此洞一百多年来，流传着许多神奇故事，其中典型的故事之一，便是洞内有大蛇。

早在1945年，有人在仙人洞发现大蛇，大蛇有3～7米长，从庙后的石洞钻出来，爬过庙外的围墙，到庙前的小河去喝水。

令人费解的是，洞内就有暗河水，清冽可饮，大蛇为何还要舍近求远，冒险出洞，去河边喝水呢？

此事一传十，十传百，老百姓都不敢到庙里上香了。老道只好将洞口堵死，从此很少有人发现大蛇形迹。

1957年，维修仙人洞庙宇拆瓦时，大蛇在庙的后屋顶上缝隙里，探出头，似鹅卵大，正在张望。工程队的人见状，慌忙从跳板上跳下，报告了负责维修工程的一位师傅。这位师傅让大伙敲跳板，试图将蛇吓跑。然而，大蛇昂首挺项，毫无怯意，似乎是在向拆瓦的工人示威。当时的孟老道立即劝阻大家，他闭目诵起经来。过了一个时辰，大蛇不知去向。

20世纪60年代末，仙人洞关帝庙被拆毁。当庙宇的主要框架落地时，突

△ 长白山仙人洞

然出现上百条蛇，那条大蛇也鹤立鸡群般位于其中。有人将汽油倒在众蛇身上，用火烧，许多小蛇被焚，大蛇又不见了。人们以为，大蛇再也不会回来了。但是，两年后的农历四月十七，抚松夹信子村的一个农民到马鹿沟铲地，傍晚往回走，路过仙人洞，忽然发现一物直放光，凑近一瞧，竟是一条粗大的蛇！吓得他撒腿就逃，边跑边回头看，担心大蛇追来。跑到家后，脖子从此歪了，很长一段时间正不过来。

又过了十几年，到1992年夏，开始修复仙人洞古迹。有两个抚松文化局的人去那里考察，二人手持蜡烛一前一后进入洞中。他们奇岩怪石所吸引。倏然，一个碗口粗的大蛇擦身而过，二人猝不及防，摔倒在地，不慎将蜡烛熄灭，洞内顿时一片黑暗……

当二人被人救出洞后，大病了一场，至今每当谈及此事，尚心有余悸。此后就再也没有大蛇的消息。几十年来，没有大蛇伤人、食畜的情况发生，那么，它怎样生存，以后还会不会出现？

这一系列疑问，都是个谜。

乐山巨佛隐睡山间之谜

　　1989年5月11日,广东省顺德县冲鹤乡62岁的潘鸿忠老人正在兴致勃勃地游览乐山名胜。5月25日,同返家乡的潘老在朋友们的索要下,将照片拿出来看,友人们大加赞赏。当时潘鸿忠也在一旁审视,不料当看到那张古塔风景照时,他突然感到照片中山形恰如一健壮男子仰卧,细看头部,更是眉目传神,十分逼真。老人兴奋不已,给大伙儿看后,无不称奇。

　　消息一经传出,许多参观者也都惊奇不已。四川省文化厅文化通讯室派考察组专程赴乐山考察,给予了肯定。从照片上看去,实有一巨佛平静地睡躺在江面上。仰面朝天,高突的前额,圆润的鼻唇,四肢皆备。

　　"横看成岭侧成峰,远近高低各不同"。"巨佛"景观不是随处可见,观赏巨佛的最佳地点是乐山河滨"福全门"。在这里举目望去,清晰可见仰睡在青衣江畔的巨佛的魁梧身躯,对映着湍流的河水,巨佛似乎存微微起伏。那形态逼真的佛头、佛身、佛足,分别由乌尤山、凌云山和龟城山三山联襟构成。仔细观察佛头,就是整座乌尤山,其山石、翠竹、亭阁、寺庙,加上山径与绿荫,分别呈现为巨佛的卷卷发鬓、饱满的前额、长长的睫毛、平直的鼻梁、微启的双唇、刚毅的下颌,看上去栩栩如生。再详视佛身,那是巍巍的凌云山,有九峰相连,宛如巨佛宽厚的胸脯、浑圆的腰脊、健美的腿胯。远眺佛足,实际上是苍茫的龟城山的一部分,其山峰恰似巨佛翘起的脚板,好似顶天立地的"擎丘柱",显示着巨佛的无穷神力。总观全佛和谐自然,匀称壮硕的身段,凝重肃穆的神态,眉目传神,慈祥自如,令人惊诧不已。全佛长达四千余米,堪称奇绝。在此处往南眺望,或春或夏、或早或晚、或万里晴天、或云雾弥漫,"巨佛"均可一收眼底。那巨大的身影,伴随着三江流水、四季风云,似隐似现,与嘉州山水浑然一体,给来来往往的

中国地理未解之谜

△ 乐山巨佛

游人一种江山多娇的美的享受、一种妙趣天成的文化熏陶。

然而，更令人称奇的是那座天下闻名的乐山大佛雕，恰恰正耸立在巨佛的胸脯上。这尊世界最高最大的石刻坐佛，身高达71米，安坐于巨佛前胸。正应了佛教所谓"心中有佛"、"心即是佛"的禅语，这是否是乐山大佛暗示的"天机"呢？

"巨佛"山体是距今一亿二千万年前的白垩纪上统夹关组紫红砖红色砂岩。战国晚期，秦蜀守李冰"凿离堆"，乌尤山山体有所改变。汉代，三山均为墓地，建造了成百上千的崖墓。凌云、乌尤之间的麻浩崖墓内，刻有一尊我国最早的摩崖佛像。唐代，乌尤山、凌云山佛教大兴，建有乌尤寺、凌云寺，开凿了乐山大佛。灵宝塔始建于唐代，宋以后历代均有维修。曾有这样一个民间传说：唐代观音菩萨的化身叫"面然"，指"乌尤大士"之意。

14

这些相关的自然、人文历史奇妙地结合，把"巨佛"作为一种文化现象，展现到了世人的眼前。那鬼斧神工的奇特景观，为名城乐山增添了神奇的一笔。据研究乐山大佛文化和文物部门的专家们介绍，迄今为止，还没有发现和听说关于巨佛的文字记载和民间传说。那么，巨佛是纯属山形地貌的巧合吗？但为何佛体全身，人工的刀迹斧痕比比皆是呢？又为什么在一千两百多年前的唐代开元年间，海通法师劈山雕凿乐山大佛，偏偏选中了凌云山西壁的栖鸾峰，并雕在巨佛心胸处呢？当今，乌尤寺的僧人，身居佛中却未知巨佛。如今，一经点破，再看乌尤山，竟犹灵佛所致。除了巨佛形成之谜以外，再就是"福全门"之谜了。据四川省文化厅考察组报告说，要看到楚楚动人的巨佛身形，其最佳位置只有一处即"福全门"，其他任何一处观赏的效果都不是最好。

现在，前往乐山来观赏这座巨佛的人们络绎不绝，乐山巨佛之谜期待着早日被人们解开。

中国地理未解之谜

乌鸦只栖孔庙不栖孔林之谜

在山东曲阜的孔林有这样一奇：万树成荫，乌鸦不栖；百草丛生，绝无蛇迹。然而，孔庙里却乌鸦成群，早出晚归。墓林本是乌鸦喜欢栖居的地方，为什么乌鸦只栖孔庙不栖孔林？为什么孔林草中无蛇，却有不少外界罕见的昆虫和植物？这一奇特现象，千百年来无人能作出令人信服的解释，遂成千古之谜。

孔林亦称至圣林，是孔子及其后裔的墓地，占地2平方千米，内有各种树木10万余株，奇花异草百余种，被誉为中国最大的人造园林。墓林内百鸟翔集，但从来没有一只乌鸦栖息。离孔林不远的孔庙，却是乌鸦成群。它们早出晚归，仿佛是这里的主人，长期栖居在庙内的树上。

孔林内何以"乌鸦不栖"？民间流传着不少传说，其中最著名的是"三千乌鸦兵"的故事。

孔子某次外出，见到一只被猎人射杀的乌鸦，便在路旁挖了个深坑，将死鸦埋葬。他的义举，深深感动了成千上万只为死去的同伴哀悼的乌鸦。不久，孔子从尼山回曲阜，路遇歹徒袭击。忽见大群乌鸦从天而降，勇猛地将歹人啄散，护送孔子安全返家。这些神勇的乌鸦，后人称作"孔圣人的三千乌鸦兵"。孔子去世后，"乌鸦兵"仍然不肯离去，世代守护孔子灵魂的所在地——孔庙。

近年，许多研究者试图对"乌鸦不栖孔林"的现象作出合理的解释，其中最具代表性的是"气味说"。

曲阜孔林以孔子墓为中心，此墓似一隆起的马背，称马鬣封。墓周环以红色墙垣，周长里许。墓前篆刻"大成至圣文宣王墓"，是1443年黄养正书。墓前的石台，初为汉修，唐时改为泰山运来的封禅石筑砌，清乾隆时又

△ 曲阜孔庙

予以扩大。

相传孔子去世后，在他所葬之地，"弟子各以四方奇木来植，故多异树，鲁人世世代代无能名者"。时至今日，孔林内的一些树木人们仍叫不出名字。于是人们猜测，奇树异花散发的特殊气味，对乌鸦产生刺激，从而使乌鸦不栖。有人还找出证据说，孔林西墙内的一些古树曾遭到破坏，在近年新栽种的杨树上，偶尔发现有乌鸦栖落。然而此说并未得到进一步科学证实，因为除孔林外，全国各地都有树种混杂的园林，也能散发出各种气味，但都没有出现乌鸦不敢飞入林中的现象。

看来，解开乌鸦只栖孔庙不栖孔林之谜还真是一件很有趣的事。

中国地理未解之谜

北京景山公园坐像之谜

景山公园地处北京城的中轴线上，占地23公顷，原为元、明、清三代的皇家御苑。景山翠峰峻拔，树木葱郁，风光秀丽，为北京城内登高远眺、观览全城景致的最佳之处。在六百多年前的元代，该处是个小山丘，名"青山"。据传明代兴建紫禁城时，曾在此堆放煤炭，故有"煤山"俗称。明永乐年间，将开挖护城河的泥土堆积于此，砌成一座高大的土山，叫"万岁山"，又称大内的"镇山"。1655年改名景山。景山名称含意有三：首先是高大的意思。《诗·殷武》中有"陟彼景山，松柏丸丸"之句，说的是三千年前商朝的都城内有一座景山；其次，因为这里是帝后们"御景"之地；再次，有景仰之意。山上的五座亭子，为乾隆年间兴建。当时山上丛林蔽日，鹿鹤成群，生机盎然，极富自然野趣。山下遍植花草、果木，有"后果园"之称。帝王常来此赏花、习箭、饮宴，登山观景。是一座优美的皇家花园。该园1928年辟为公园。

1987年1月，在北京地区航空遥感成果展览会上，爆出了一个惊人的消息：遥感拍摄的北京景山公园平面园林图，酷似一尊盘腿打坐的人像，被称之为"景山坐像"。这不是杜撰，而是通过精密的遥感技术测定的，在园林北部寿皇殿建筑群是"坐像"的头部，大殿和宫门组成眼、鼻、口，眼睛眯着，面带笑容；胡须是松柏；肩、胸、手、腿是南部那座山。"景山坐像"引起了科技界和考古界的广泛兴趣，几年来，专业人员为此做了大量的研究考证，但收获均微，至今还是一个没有解开的谜。

关于"景山坐像"有不少人表示十分好奇，通过各方面的研究期待解开其中的奥秘。后来又出现了新的说法来解释这一景象。

有人认为"景山坐像"是道家养生图示。首先可以肯定"景山坐像"是道教之神而不是"大佛"。因为"景山坐像"头上戴有冠，嘴上有胡须，一手托着一手合拢于腹前，这常是道教之神的貌态。而佛，即头上无冠，嘴上也无须，手是合掌于胸前。再者可以肯定，"景山坐像"是道教真武神：一是"景山坐像"位于皇宫之北，古人讲地法天，北方是玄武水神之位，玄武即真武；二是此坐像与紫霄宫大殿所供奉的真武大帝像十分近似。

坐像的头部是寿皇殿，而含笑端坐的道教真武神。头部为"寿皇"显然经过道家妙意安排。《武当修真图》曰："不灭之道，存想泥丸。"泥丸宫处在头部，既然"存想泥丸"可使人长生"不灭"，难道不就是"寿皇"吗？再如"景山坐像"不论它是平面，或者把它假设性地立起看，他可呈现的都是脚南头北和面南背北之状。按道家内功修炼的理论游，头为上为阳，脚为下为阴，背为外为阳，面胸腹为内为阴，脚南头北和面南背北，均是以人体阴阳和大自然阴阳交合协调，以达水火相济的泰卦之状。

这个推断很让人迷惑，道家为什么要将建筑设计为养生图示而却又让人不易发觉呢？有人认为，道教的经典道藏虽包含十分庞杂，但始终贯穿一个愿望——"长生不老"。道家按照"天人合一"的道义修性炼真，并力图把这种奥秘告知世人。但是，道家最讲究的是"冲虚"、"恬淡"，在清高脱尘的心理和观念的支配下，他们又不愿将"天机"廉价地送给"俗人"，所以他们便煞费苦心地在建筑布局上"暗示"众人，通过这种玄妙的方式来启示他们。说"景山坐像"是道家练功图示，还在于北京景山公园的建筑布局、方位以及建筑景点的名称都符合于道家内功修炼的术语要求，而道家修炼功的术语从来均是以隐语出现的。

"景山坐像"时至五百多年后的今天才引起人们惊奇，带着谜团去探究，其中还有不少奥秘有待人们去深入揭示其原因。

中国地理未解之谜

会下石蛋的岩石之谜

大家都知道，鸟类、爬行动物、两栖动物、各种昆虫和鱼类都是通过下蛋来繁衍后代的。然而奇怪的是，有些石头也能"下蛋"。这就是我国贵州省三都水族自治县的特有奇观，被称为黔南六大谜之一的"会下石蛋的岩石"。

在县城西南12千米处的瑶人山里，陡峭险峻的石崖上，挤出了一些圆溜光滑的石疙瘩。把石蛋剖开

△ 产蛋崖

后，里面和普通石头无异，找不到动物的基因。几十个大小不等、形状逼真的石蛋错落排列在山崖上，真是蔚为壮观。更令人惊讶的是，石蛋的出生似乎有一定规律。据当地人说，大概每隔30年左右出现一次。石蛋出生时，只要用手轻轻一敲，外层岩石就会脱落，露出一个完整光洁的圆蛋。

这些古怪的石蛋是如何形成的呢？有人认为，贵州一带曾经是汪洋大海，某些物质在海中旋涡的作用下积聚成球状物。后来陆地上升，这些球状物便附着在岩石中。由于二者的密度不同，当周围岩石脱落后，"石蛋"就露了出来。但是海陆变迁在世界各地都有发生，为何只有贵州的岩石中藏有石蛋呢？还有人认为，石蛋可能是岩石中的特殊矿物质因受热形成的一种特殊结晶，在地壳的热运动中逐渐从岩石中挤出来。但是石蛋每隔30年就出生一次又作何解释呢，地壳运动会这么有规律吗？

奇特的冷热洞之谜

三都水族自治县发现一个奇特的冷热洞——洞内温差很大，人在洞中行走，上半身如处盛夏，下半身却如置冷冬。

冷热洞位于三都塘州乡安塘村，洞内石柱林立，最大的地方可容纳2000人左右，极为壮观。该洞

△ 冷热洞

看似与平常的山洞无任何区别，但洞中温差极大，人在洞中行走，上半身和下半身的感觉却迥然不同。进洞后，人们会感到上身发热，仅穿一件单衣就可以了，而腿上则很冷，必须穿毛裤。

洞中的奇特现象也引起了科学界的讨论，有专家认为岩洞中的地面是一个大的吸热体，由于山洞空间气流的影响，贴近地面的温度就很低，而距离地面越远处温度也就越高。另外一些地质学家则认为，洞中地表岩石与洞顶岩石结构截然相反，地面岩石是一种奇特的"冰石"，而洞顶岩石却具有散热功能，因而形成了这种温度反差。但到目前为止，"冷热洞"之谜仍未得到一个有力的科学论断。

风洞之谜

湖南省石门县九渡河乡境内的九杨路旁有一处奇妙的岩洞,被当地人称为"风洞"。风洞洞口约1平方米,洞内不断喷出的气流与外界空气相遇凝结成白雾,似银链常年缭绕洞口,并绵延到九杨公路路面。远远望去,公路仿佛戛然中断,令许多初行者疑虑重重,望而却步。进入到风洞中,夏季,上面炎热袭来,令人挥汗如雨;而下面则凉风飕飕,暑意顿消。隆冬时节,上面风雪交加,冰寒刺骨;下面则暖气涌动,春意浓浓。咫尺之间,迥然有别,妙不可言,同时也令人大惑不解。

△ 石门县风洞

 # 神奇鸳鸯井之谜

四川省武胜县发现两口神奇的水井。它们相距4米，一清一浊，又被当地人称作鸳鸯井。两井位置等高，深度相当，且井中的水为同一源头所聚。但奇怪的是，这两口井却有着天壤之别。这里的谜吸引了无数充满好奇的人来观看，不少的科研人员也纷纷前来试图探究"鸳鸯怪井"隐藏的奥秘。

首先，两井中的水清浊不一。但两口井好像约好了似的，一年要变两次"魔术"：端午节后，清浊互换，而且一个发出微臭的味道，一个却味道香甜；中秋节后，两眼井水又自动恢复原状。一年四季，两口井交替供人饮用。这种交替变换的"鸳鸯怪井"，人们还闻所未闻。

这两眼井位于武胜县北飞龙镇木井村，井口方正，水面离地1米。其中一个叫上木井，另一个叫下木井。该村80岁的老人张炳清说，两口井凿于何年已不得而知。他还唱了一首老歌谣——《木井》："可观上下两口井，一条大路直穿心；井中清泉最可饮，能分春秋各二季；不知哪朝开的井，何人称为木井村；此井水丰不断流，润泽大地五谷生。"

据村民介绍，农历五月初五端午节以前，上木井里的水清澈，下木井的水浑浊。端午节后，两井开始"换班"：上木井里的水变浑变臭，水面泛起一层金黄色的东西，如粪便，不能饮用；而下木井的井水则逐渐变清变甜，供居民饮用；到了中秋节，两井又再次"换位"。但不管它们怎么变换，总有一口井的水是清澈的、甘甜的。年年如此，从未错过日期。许多慕名而来的游客看毕大叹造物神奇。

其次，两井水而总会保持一致。居民提上木井的水时，下木井的水位会自然下降；反之，提下木井的水时，上木井的水位也会随之下降。随后恢复盈满。木井的水常年外溢，继尔形成溪流，成了武胜县第二大水库——红星

△ 鸳鸯井

水库的源头之一。

再次，两口井虽然同源，但井水温度却并不一样，非常罕见，有人专门用温度计做过测试。但是这两口井温度差异因何如此之大的问题目前还没有弄清楚。

两井凿于何年已不得而知，但是鸳鸯井为何出现这些神奇的现象实在令人费解。有关地质学家初步分析后认为，两井地质结构存在裂隙，天热时地下水进入上木井裂隙，地下硫化物随地下水浸入上木井，就有可能形成黄色漂浮物并导致上木井变混浊。而天变冷时，地下水改变方向进入下木井裂隙，于是就出现了清浊互换。但居民取水时，两井水位会同时下降。这说明两眼井水相通。

那么，两井温度变化又怎么作解释呢？古人是出于什么原因打造出这样神奇的鸳鸯井来的呢？是出于巧合，还是他们在当时已经具备打出这样神奇的鸳鸯井的科学技术呢？这鸳鸯井的真正奥秘到底在哪里呢？希望相关人士早日揭开鸳鸯井之谜。

千古之谜大鲜卑山

在大兴安岭森林地带的鄂伦春自治旗（县），有一处被称为千古之谜的鲜卑山洞，又名大鲜卑山"嘎仙洞"。

进入大兴安岭北部林区，来到鄂伦春旗阿里河，沿着坎坷不平的山道，向西北就可进入嘎仙沟。行约十多千米，有一道巍然高耸的悬崖，峭壁陡立，怪石横生。悬崖上赫然一个大洞，洞内宏伟宽阔，穹顶浑然天成，高达20多米，有如大厅。长100多米，最宽处约28米，内可容纳数千人。里面幽暗深邃，神秘莫测，那种威严肃穆的气势，使人顿感这正是一个王者福地。丈量一下规模，与《魏书》所记"石室南北九十步，东西四十步，高七十尺"的规模大体一致。

洞内存有北魏时期的摩崖石刻，山洞幽暗深邃、神秘莫测，隐藏在莽莽原始森林中。嘎仙洞不光是北魏鲜卑族发祥的圣地，也是鄂伦春族古老的福地。传说在远古洪荒的年代，嘎仙洞曾是东海下的"海眼"，是通往冥冥洞府的入口。关于此地的传说不胜枚举，就像是白山黑水间似真似幻的海市蜃楼，但可以肯定的是，大鲜卑山嘎仙洞在历史的长河中，默默地见证了许多繁荣的消亡，带着无数的秘密留存至今。据资料记载，现我国锡伯族，即为历史上的鲜卑族。

《魏书》是中国封建社会历代正史中第一部记载以少数民族上层集团为核心的封建王朝的历史，它记述了鲜卑族拓跋部的发展、兴盛、统一北方和走向封建化的历史过程，反映了4~6世纪北部中国的历史面貌和社会特点，是一部有很高价值的断代史。

《魏书·序纪》提到拓跋鲜卑起源时，记载："国有大鲜卑山，因以为号，其后，世为君长，统幽都之北，广漠之野，畜牧迁徙，射猎为业，淳朴

中国地理未解之谜

△ 大鲜卑山奇石

为俗,简易为化,不为文字,刻木纪契而已。世事远近,人相传授,如史官之纪录焉……"

大鲜卑山何在,无凭查考。千百年来,史学界聚讼纷纭,甚至有人竟认为"鲜卑山乃具神话之意味,未必能指出今为何地",而成了千古之谜。

在《魏书·礼志》中有一段记载为人们提供了一线信息:"魏先之居幽都也,凿石为祖宗之庙于乌洛侯国西北。自后南迁,其地隔远。真君中,乌洛侯国遣使朝献,云石庙如故,民常祈请,有神验焉。其岁,遣中书侍郎李敞诣石室,告祭天地,以皇祖先妣配。"

但《魏书》对石室的地理位置只写"石室南距代京可四千余里",没有作出更具体的明确交代。而同书《乌洛侯传》记载了乌洛侯国的大致方位:"乌洛侯国,在地豆于之北,去代都四千五百余里。其土下湿,多雾气而寒,民冬则穿地为室,夏则随原阜畜牧。多豕,有谷麦。"

"其国西北有完水,东北流合于难水,其地小水皆注于滩,东入于海。又西北二十日行有于已尼大水,所谓北海也。世祖真君四年来朝,称其国西北有国家先帝旧墟,石室南北九十步,东西四十步,高七十尺,室有神灵,民多祈请。世祖遣中书侍郎李敞告祭焉，刊祝文于室之壁而还。"

《魏书》有"刊祝文于室之壁而还"一语，既然有文字刊刻于室之壁，这是一个有据可凭的客观依据。只要能找到这个石室旧墟，就能确证拓跋鲜卑的最初居住地。而"石室南北九十步，东西四十步，高七十尺"，这么高大的石头建筑物怎能不留下遗迹呢？况且，北方森林或草原地带，一向是游猎或游牧部落，都不定居，没有修筑石头建筑物之必要，也不可能有那么高超的技术水平，建那么高跨度的石砌建筑物。《魏书·礼志》既言"凿石为祖宗之庙"，说"凿"而不说"砌"，或许这个"石室"可能是凿出来的石窟。而大兴安岭北部一带多石山，也有一些山洞，所谓"石室"或许就是一个山洞。

嘎仙洞可能就是拓跋鲜卑祖先居住的"旧墟石室"。1537年前鲜卑人的遗迹，也许就藏在这不见天日的深山老林里。

北魏石刻在嘎仙洞内西侧石壁上，距洞口15米，字大如拳，汉字魏书，隶意浓重，古朴刚健，苍然可辨。刻辞竖行，共19行。通高70厘米，宽120厘米，全文201字。

嘎仙洞北魏石刻为443年我国北部边疆大兴安岭地带最早见于人类文字记录的民族史迹，实为我国与世界的稀世珍宝。这一发现，让人们猜测，我国古代民族鲜卑人是否自古以来就居住在此？至少从那时起他们就同中原有密切的联系，历史学界千百年来对鲜卑族发源地大鲜卑山的千古之谜是否能解开呢？

中国地理未解之谜

川藏神秘星形碉楼之谜

在我国四川与西藏地区，到处都有或者成群或者散落的无数碉楼，这些碉楼大多散落在田间地头、家门口和山坡灌木丛中的，大多数是呈方形，也有些是五角、六角、八角，甚至十三角的。四川有碉楼的三个地区：

今羌族居住地（大多数在阿坝藏族羌族自治州）；被称为"嘉绒"的地区（部分在阿坝州，部分在甘孜藏族自治州）；

雅砻江流域：南起木里，北至道孚，东至康定，西至雅江，这是木雅人的传统居住地；

第四个地区位于阿藏东南部的工布江达。

最高的星形碉楼在四川马尔康附近。在西藏工布江达，有八个角和十二个角的碉楼。碉楼大都高达30多米，最高的甚至自有50米。每座都是杰作，结构没有瑕疵，角像刀刃一样直，墙壁牢固又光滑。经历了无数次的风雨，甚至战争和地震的洗礼，它们仍然骄傲地耸立着。有的已倾斜，但绝不倒下；有的已坍塌了一半，废墟上布满了尘土，缠绕着野藤，甚至连树也欺压着它，最终沦为狐狸、老鼠的家园。然而在人们眼里，它们将永远保存着自己的荣光、庄严和神秘。只要来到这里看到这些古碉楼，你一定想要知道碉楼背后那奇异、神秘的古老故事。

当地居民、政府、学者，甚至19世纪进入此地的两方探险家都知道，"民族走廊"上散落着一些古碉楼。但这些高大的古代星形、石砌碉楼尚未在地图上标志过，没人科学地测算过它们的始建年代，甚至也没人将其视为一种独特的建筑现象进行研究。或许是因为这些碉楼在当地人们的心里是十分普通的石头建筑，没有什么独特之处。

但是这些矗立在跟前的碉楼到底是谁建造的，是什么时候建造的，建

△ 四川阿坝羌族碉楼

造的目的又是什么呢？就连这里的老辈人都说不清楚。因为仅存少数口述传说，没有书写历史，再加上当地人仍然保留着诸多互不相通的方言，却没有文字，因此关于这些碉楼的各个方面都是难以解开的谜。

从中文典籍中仅能搜索到一些模糊且支离破碎的信息。据这些信息我们可以了解到，至少在1800年前，就有些部落已掌握了如何修建高层独立石碉楼的技术。据《后汉书》记载：那些高达40米的碉楼是由居住在今西北部深山里的阿人和岷江上游的羌部落修建的。而住在青藏高原南部的"孟"部落也是高碉楼的建造者。但是仅凭此记载并不能证明这些碉楼的建造者就一定是羌部落人们修建的，只有多方面的共同验证吻合后，才能确定碉楼的修建者到底是谁。

据有关研究人员推测，修建碉楼极有可能是出于战争的防御，或者是为了抵御外族的入侵。

也有人提出了不同的观点，他们人为建造这些碉楼，实际上是身份的象征，不同类型的碉楼对应了不同古代部族的祖地。

△ 四川桃坪羌寨碉楼

那么，碉楼的建造时间又是什么时候呢？有关的研究人员想将碉楼的一些破损部分收集样本进行研究，想以此来解开碉楼的修建年代之谜。但是由于收集样本的工作复杂棘手，因为大部分碉楼的门都很高，若没有高梯往往无法获取样本。后来将收集的所有木片样本送往美国最著名的实验室进行C14检测，其结果总是有150年的误差。

从2000年至今，已检测了57座碉楼（39座星形的和18座方形的）、3座老屋和1座寺庙。其中，最古老的一座碉楼为星形碉楼，约有1200年历史，位于西藏工布江达，已检测的四川省4座较为古老的碉楼建于公元1030年到1250年间，羌族村落的碉楼无法测出准确年代数据，因为其木样检测结果包括了很多不同的时代，这是因为村民们一直在使用和修缮这些碉楼。如果完好的加上破损的，西藏工布江达和四川的碉楼数可能有数千个。也正是这个原因，碉楼的年代推算也只是大概地估算，准确率极低。就此，碉楼的研究工作一度陷入了尴尬的境地，没有更好的方法来解开碉楼的建造年代之谜。

川藏地区的碉楼就像是一些历经沧桑巨变的老人，它们经历了无数的风风雨雨，一直坚持走到现在。但是，正是由于这位老人阅历太丰富了，因此，我们要想读懂他的"人生"是一件十分困难的事情。揭开川藏碉楼之谜，有待于更加完善的文字记载多加考证后，才能完成。

 50元人民币上的瀑布在哪里

壶口瀑布位于黄河中游秦晋峡谷之中,河西属陕西省宜川县壶口乡,河东与山西省吉县相接,是我国仅次于贵州省黄果树瀑布的第二大瀑布。壶口河岸,苍山挟持,万里黄河至此,河床由400多米宽突然收缩到50多米,浩渺的黄河水骤然收成一束,从30多米落差的黄河壶口飞流直下,奔泻于十里龙槽。因其开关似一把壶的壶口,故而得名。壶口瀑布气势壮观,周围自然景观奇特,为国家级风景名胜区。面值50元人民币的画面上那翻江倒海、奔腾跌泻、气势磅礴的壮观景象,就是黄河壶口瀑布。

壶口瀑布有许多奇特景观。烟从水底生,船在旱地行,云雾彩虹舞,晴空雨蒙蒙。瀑布湍流急下,激起的水雾腾空而起,恰似水中,似长龙戏水;有时呈弧形,从天际插入水中,似长龙戏水;有时呈彩带横贯水中,犹虹桥卧波;有时在笼烟腾雾中出现锦团彩簇,瞬间万变,飘忽不定,奇流迷离。水底悬流激荡、发出巨大声响如轰天惊雷,声传数十里。

壶口瀑布随着季节变化而呈现出不同景色。春季,冰地解冻,冰凌抛落。如山崩地裂,似炮轰雷鸣。夏秋季节,雨水颇多,洪水汹涌,浊浪排空,瀑布宽达百米,方圆数十里水汽遮盖,气势磅礴。冬季,冰封冻,瀑布挂满冰凌,银装素裹,分外妖娆。

壶口附近的衣锦村,传说为大禹娶妻成家的地方。大禹治水从疏通壶口开始,劈孟门、凿龙门,曾留下"三过家门而不入"的故事。现存有大禹遗址,另有孟门山、黄河磊桥可供游人参观浏览。

中国地理未解之谜

北京中轴线指向的玄机

城市的中轴线往往是和子午线相一致的。子午线就是我们平时所说的连接南北两极的经线。在20世纪50年代北京的一次施工中，曾经挖出一只石鼠和一匹石马，这两件孤立的文物分别在中轴线的两个不同的地方。中国古代天干地支中，子为鼠，午为马，暗示着中轴线实际上是城市的子午线。

在北京城的建筑格局上，中轴线起着相当重要的作用。

历史上，这条长达7.8千米的城市中轴线南起永定门，北到钟鼓楼，汇集了北京古代城市建筑的精髓，见证了北京城的沧桑变迁。建筑大师梁思成曾这样赞美这条中轴线："一根长达八千米，全世界最长，也是最伟大的南北中轴线穿过全城。北京独有的壮美秩序就由这条中轴的建立而产生。"

这条中轴线始于元朝对大都城的规划设计，至明清两朝形成了现有的规模。明清时的北京城，皇宫居全城中心，受三重城垣包围，皇城是朝廷重地，禁止一般百姓进入；内城居住着官僚和商人；外城为一般平民居住。整个北京城的布局体现了以皇室为主体的思想。一条中轴线从永定门、正阳门、天安门、太和殿、景山到钟鼓楼，将外城、皇城和内城串联起来。

城市轴线不止中国有，也不止北京有，巴黎和华盛顿等欧美城市有，在中国历史上秦城咸阳有，东汉、北魏也有城市轴线，然而都比不上北京中轴线，都没有像北京中轴线如此之长、如此笔直与壮观，如此考究。

紫禁城，是北京的中心，紫禁城外还有城，均以中轴为线，城中有城；中轴的东西两侧，对称修筑，内城左修太庙，右筑社稷坛，外城左修天坛，右建先农坛，城外则为左日坛，右月坛；紫禁城、皇城、内城与外城，城城呼应；有城就有城墙、门楼和角楼，是北京人文的壮观与美景；有城就有街、有房，标准的北京街巷是胡同，房子是四合院。四合院可以是大大小小，却必是中轴式建筑，设计正房、两侧厢房、正门与侧门。

北京中轴线是世界城市史上极为罕见的一条建筑艺术轴线。然而经过测量发现，这条线并非正南正北，而是与子午线有所偏离。如果真是这样的话，那元、明、清三个朝代的33位皇帝的宝座不是都歪了吗，为什么中轴线会偏离子午线，是古人有意为之，还是测量出了问题呢，北京中轴线偏离子午线其中又暗藏着怎样的玄机？

发现中轴线偏离子午线这一现象的是中国测绘科学研究院研究员夔中羽，在一次观察北京市航空影像图的时候，夔中羽发现，中轴线并非正南正北，而是有所偏移！

经过精确的测量和计算，发现北京中轴线偏离子午线2度多。

其实，新中国成立初期，为规划市政建设，北京市的测量专家就已经发现了这种"偏离"。据说，他们曾将这个问题向有关部门做过汇报，但历史事实无法改动，由于偏差比较小，市民根本感觉不到。

那么，中轴线偏离子午线是不是计算误差所致呢？中国古代很早就有精确的测量，唐朝的学者曾经在河南很准确地测量了子午线，从河南考古复原的宋代皇城模型就可以明显地看到城中那条笔直的中轴线。我国古代，在天文历法数学等方面已经达到了相当高的水平，所以中轴线偏离不应是测量错误，也不是技术原因，那又是什么呢？

古代很多建筑的方向，都和远方的一些地物有一定的关系，北京的中轴线是否也和远处的地方建筑有一定的关系呢？现在的北京城是在元大都基础上建立的，而元大都又是元朝忽必烈建立的，那忽必烈以前在别的地方会不会建有什么与北京相关的建筑呢？

是什么原因造成了中轴线的偏斜，从历史上要追溯到700多年前。

首先，可以明确的是，北京现有的中轴线是沿用元大都时的中轴线。

当年成吉思汗攻克京中都（今北京）时，将它破坏殆尽之后，元朝在京中都的基础上建立了元中都；到了明朝，为防范蒙古人，在元中都基础上，加建了德胜门一线，而东西城墙则沿用元代的土城，包砌了城墙，中轴线方向未动；清沿用明城，中轴线也未改动，到今天已有730多年。

中轴线迷局第一种说法："汉人有意为之。"

建造北京城时，担任"监筑"之职的是忽必烈的重臣刘秉忠。一般认为，元代中轴线是由刘和他的学生郭守敬两人主持兴建，两人皆为河北省邢台人。

鉴于元代实行民族压迫政策的历史事实，有历史学者提出这样的观点：中轴线是汉臣刘秉忠、郭守敬故意弄偏的，也就是他们并没按照天子的意图，使影响城市布局的中轴线处于正南正北的子午线上，试图以此反抗元朝统治。

对此，有学者提出质疑，因为上述说法拿不出令人信服的证据。

第二种说法：可能是建造者采用磁针定位法，造成了技术上的误差。

这种推理不大令人信服，毕竟刘秉忠和郭守敬在当时是杰出的科学家，他们会采用精度较高的天文测量，而采用当时就证明误差极大的磁针定位，可能性不大。

另外，还有一种说法是，中轴线可能是由于自然因素的破坏而发生偏斜。

从北京、河北到内蒙古的正蓝旗直线距离为270千米，当时负责设计的人会不会是按照当时统治者的意愿，为体现两都统一，而采用上都——大都连线作为大都中轴线的基准线呢？学者们认为，我们不应该用现代人精确的测量方法去评判古人的测量，因为毕竟在那个时代，他们没有那么完备的工具，更没有必要把这条中轴线刻画得要精确到小数点的4位以后。

还有人认为，中轴线偏离的事实，乃是元代开国皇帝忽必烈有意为之的。由于元代档案残缺不堪，因而在具体的考证和推理方面，科学家和史学家仍在艰难地寻找着答案。

中轴线偏离的原因是否真的是人文因素决定的，还有待进一步考证，但是不管答案是什么，中轴线上那些经历了几百年风霜雨雪的诸多文化历史遗迹，将注定帮助人们揭开这一极富传奇色彩的谜团。

黄土高原的黄土来源之谜

黄土高原位于中国中部偏北，包括太行山以西、秦岭以北、乌鞘岭以东、长城以南的广大地区。跨山西、陕西、甘肃、青海、宁夏及河南等省区，面积约40万平方公里，海拔1500~2000米。除少数石质山地外，高原上覆盖深厚的黄土层，黄土厚度在50~80公尺之间，最厚达150~180公尺。黄土颗粒细，土质松软，含有丰富的矿物质养分，利于耕作，盆地和河谷农垦历史悠久，是中国古代文化的摇篮。但由于缺乏植被保护，加以夏雨集中，且多暴雨，在长期流水侵蚀下地面被分割得非常破碎，形成沟壑交错其间的塬、梁、峁。

黄土高原地形破碎，到处都是一条条深深的沟谷和荒凉的土山。不只是许多外国人觉得难以理解，就是刚来到黄土高原的中国人也无法想象。可以说，世界上再也找不到一块区域这样大的、完全由黄褐色的土质覆盖的土地。北到长城一线，南到秦岭，东到河北与山西分界的太行山，西到甘肃省境内的乌鞘岭，包括山西、陕西的大部分，甘肃、河南、河北、内蒙古的一小部分，在总面积大约四五十万平方千米的土地上，完全就是一个黄土的世界。

黄土高原引起世界各国科学家们的普遍注意。他们思索着：这么大面积的黄土到底是怎样形成的呢？

一种学说认为，黄土是当地岩石风化造成的。他们推测，由于地质年代十分久远，风化时间十分漫长，天长日久，完全可能使当地岩石逐渐风化成粉末，在当地堆积成厚厚的黄土。

这种学说受到不少科学家的反对。他们认为，如果上述观点成立的话，黄土高原应该到处都是黄土。可是，事实上黄土高原超过两三千米以上的

中国地理未解之谜

△ 黄土高原风光

山地并没有多少黄土分布。这些山地是由另一种土质覆盖着，上面分布着茂密的林木，它们像一个个绿色的小岛，屹立在茫茫的黄土海洋中。

另一种意见是，黄土是由流水挟带的泥沙堆积形成的。他们发现，在一些黄土的地层剖面上，有明显的分层现象。这种分层现象无疑是流水形成的最好证据。

可是，反对者提出不同意见。他们研究发现，黄土高原上的黄土分层现象并不明显。相反，在几十米厚的黄土层里，上下几乎都是一种非常细致的黄土层。

话还要说回来，以上我们所说的黄土并不是我们日常所说的"黄色的土"。黄土高原上的黄土，是一种细腻、均匀、颗粒的大小只有一毫米的几十分之一的土质。

到了20世纪的六七十年代，黄土风成说逐渐占了上风。简单地说，就是黄土高原上的黄土是由大风吹送，经过几十万年甚至上百万年漫长的时间，逐渐堆积形成的。

最早提出风成说的是一位俄国学者，他到过中亚的许多地方。在调查中他发现了一个奇怪的现象：在辽阔的中亚地区的中央部分，分布着大片砾石遍地的戈壁滩，在戈壁滩的外围，分布着几片有名的沙漠，即哈萨克斯坦的卜拉库姆沙漠、中国境内的塔克拉玛干沙漠、巴丹吉林沙漠、腾格里沙漠，再向外，就是广布于我国黄土高原上的黄土。从戈壁，到沙漠，再到黄土，三种不同粗细的物质，由粗到细，由细到更细，大约呈同心圆的方式分布着。这个现象说明了中国黄土高原上的黄土肯定是由大风，把中亚、中国的戈壁和沙漠地区中的细土吹到黄土高原上来的。

　　起初，支持这个学说的人并不多。因为在一些人眼里，黄土高原上几十米甚至上百米厚的黄土层怎么能是大风吹来的呢？

　　中国科学家的工作给了黄土风成说的强有力的支持。他们找出了夹杂在黄土地层中的大量植物孢粉化石，通过对这些孢粉的分析，可以判断形成黄土时的气候环境。中国科学家指出，形成黄土的当时气候是一种比较干旱的多风的环境，有利于黄土的搬运和堆积。同时，通过对不同地区的黄土颗粒的分析，可以看出黄土的颗粒越往东南方向越细，相反越接近沙漠地区就粗一些。这些事实无疑是黄土风成说的有力论证。

　　最近，一种进一步揭示黄土成因的新学说被提了出来。这种学说认为，青藏高原隆起最快的时间距今只有几十万年，与黄土形成时间大体相当。因此，有的科学家把黄土高原的形成与中国青藏高原的隆起联系起来进行统一考虑，提出青藏高原的隆起曾引起欧亚大气环流的急剧变化。

　　也许有人要问，青藏高原的隆起怎么能和气候变化联系起来呢？原来，青藏高原是一片非常辽阔、非常高大的土地，它像一个屹立在大气海洋中的巨大岛屿，必然会对地球上的大气流动产生深远的影响。科学家们认为，正是由于青藏高原的作用，才出现了中国的季风与中国西部的干旱区。中国黄土高原正好处于中国东部季风区与西部干旱区之间，这种大环境为黄土的形成创造了先决条件。

　　这种学说，从地球发展的观点进行分析，受到国内外不少科学家的重视。当然，黄土的形成与青藏高原的隆起到底存在着怎样的内在联系，以及黄土高原的黄土的堆积过程等，还需要人们进一步探讨。

　　最后，不能不再多说几句：风成说并非已成定论。近年来，水成说又有抬头之势。黄土与黄土高原是中国最独特的自然景观。它幅员辽阔，历史久远。不光对于黄土的成因，人们意见不一，而且黄土本身蕴藏着的许多科学的奥秘，也有待于我们进一步去发掘它、研究它。

中国地理未解之谜

石钟山得名之谜

　　石钟山位于江西湖口县。对石钟山何以用石钟命名，从古至今，有许多人作了许多猜测，至今尚未有定论。

　　石钟山之称，最早见于汉代桑钦的《水经》："彭蠡之口，有石钟山焉。"但人所共知，《水经》记述过于简略，没有说明何以用石钟命名的原因。北魏时著名地理学家郦道元广泛地收集了前人有关全国水道的著作，再加上自己游历各地山川的见闻，在《水经》原有的基础上大量地补充修订，写成《水经注》四十卷，资料超过原书20倍，他第一次为石钟山的命名作了诠释，认为石钟山下临深潭，每当风起浪涌，水石相击，发出如击钟的声音，故而前人以石钟为山取名，但到中唐时，李渤又提出异说。李渤曾在唐宪宗元和年间担任过江州（今九江一带）刺史，多次游历石钟山，并经实地考察，写过一篇《辨石钟山记》，他在深潭之上发现有两块石头，用物扣击两石，南边的石头所发出的声音有似巨钟的厚重而模糊之音，北边的石头则发出有如巨钟的清亮的高亢之音。停止敲击，余音袅袅，不绝如缕，他以为这才是石钟山命名之由来。

　　宋代的苏轼曾于1084年6月乘小船夜游石钟山，作著名的《石钟山记》。他所亲见之状是，原来石钟山下多穴罅，每当水波进入这些孔穴，则"大声发於水上，噌吰如钟鼓不绝"，进而在石钟山之间发现有一块可容百人的大石"空中而多窍，与风水相吞吐，有窾坎镗鞳之声，与向之噌吰者相应，如乐作焉"。故而断定"噌吰者，周景王之无射也，窾坎镗鞳者，魏庄子之歌钟也"。他解释了石钟山之得名乃是水波入穴罅"大声发於水上，噌吰如钟鼓不断"，又以周景王的无射钟来比"噌吰"之声，以"窾坎镗鞳"之声来比魏绛（庄子）的歌钟，加之他的这种结论又产生于实地考察之后，因此一

38

直影响着后代几成定论，即使在今日有许多有关调查研究的文章和介绍石钟山胜迹的文字，也往往都持此说。但不为人所注意的，清代的彭雪琴对苏轼此说提出了异议，见之于近人俞樾的《春在堂随笔》。

俞樾的姻亲彭雪琴曾在江西为官相当长时间，多次实地探访石钟山，据他所见，对"至今游石钟山者，皆以坡语为然"提出异议。彭雪琴曾详告俞樾：湖口县钟山有二，一在城西，濒临鄱阳湖，称上钟山；一在城东，面临长江，称下钟山。下钟山即是苏东坡作《石钟山记》处。彭雪琴以为"东坡谓山石与风水相吞吐，有声如乐作，此恐不然，天下水中之山多矣，凡有罅隙，风水相遭皆有噌吰镗鞳之声，何独此山为然乎"？他又见到每当冬天"水落石出"之日，山中另有一番奇景：原来水淹处露出一座洞门，"入之，其中透漏玲珑，乳石如天花散漫，垂垂欲落。途径蜿蜒如龙，峭壁上皆枯蛤黏着，俨然鳞甲。洞中宽敞，左右旁通，可容千人。最上层则昏黑不可辨，烛而登，其地平坦，气亦温和，蝙蝠大如扇，夜明砂积尺许。旁又有小洞，蛇行而入，复宽广，可容三人坐，壁上镌'丹房'二字，且多小诗，语皆可喜，如云'我来醉卧三千年，且喜人世无人识'；又云'小憩千年人不识，桃花春涨洞门关'"。据彭雪琴之口头描述，石钟山竟是中间全空，且分数层。因此，彭雪琴据实地所见，以为石钟山之得名，乃是"盖全山皆空，如钟覆地，故得钟名，上钟山亦中空。……东坡当日，犹过其门，而未入其室也"。俞樾对彭说虽未加评议，但从行文中看是赞赏的。

由此看来，石钟山之得名：一以为得名自声音如钟，尽管苏东坡"叹郦元之简，而笑李渤之陋"，看似不同，但基本出发点却是一致的；而以彭雪琴为代表的观点，则离开"石钟"的音乐角度，废"声"而取"形"，以为两石钟山内中空，恰像两只巨钟覆地，故名石钟山，言之凿凿，确实也有说服力。

石钟山究竟何以用钟命名？看来还需进一步的探索。

中国地理未解之谜

"香格里拉"之谜

　　1933年英国作家詹姆斯·希尔顿在纪实小说《失去的地平线》中曾描述在"地平线尽头"有个几乎"与世隔绝"的"冰雪世界",那里有"金字塔般的雪峰和蓝色的高原湖泊"、"幽深险峻的大峡谷"、"三条大江奔腾向前";有令人称绝的"雄伟壮观的喇嘛寺群"、"心灵纯朴的藏族人民和底蕴深厚的宗教文化"……而这个美丽的地方就叫"香格里拉"。

　　希尔顿的小说非常成功,一出版就成为畅销作品,而好莱坞又不失时机地买下版权,拍成电影,轰动世界。香港著名企业家郭鹤年先生创办的数十家"香格里拉"酒店,更让"香格里拉"的美名风靡世界。于是寻找像谜一样漂亮的"香格里拉"便成为半个世纪来旅游家、探险家和民俗家们寻觅的热点。

　　从20世纪40年代开始,知道"香格里拉"的人们都在询问:"美丽的香格里拉在哪里?"有许多探险家、旅游家不懈地在印度、尼泊尔、中国西藏的喀喇昆仑山一带寻找"美丽的香格里拉",半个多世纪过去了,没有任何结果。于是有人称:"香格里拉"是个谜,一个世界之谜,一个世纪之谜,一个也许到21世纪才能解开的谜。

　　然而,我国著名学者、英国牛津大学荣誉人类学暨民族音乐学博士宣科先生却于去年提出,希尔顿所描述的"美丽的香格里拉"就在他家乡附近的云南省迪庆藏族自治州中甸县境内的吉迪、郎格拉一带。他认为,在这里有着与《失去的地平线》里"香格里拉"完全相同的绮丽自然景观和古朴的风土民情。希尔顿写到的:"……地球上最高最冷清的尚未开发的地方,一条很大的河谷轮廓被一些圆形的红土的矮山包围着,这是地球上最壮观的山。白色的金字塔般的雪峰,有一种阳刚之气……冰川上的水把峡谷草甸淹成

△ 香格里拉风光

一个湖……"等，在中甸都能找到一一对应景物。山是巴拉更宗雪山、峡谷是吉迪峡谷、湖则是纳帕湖。然而有人认为雪山草地、高原湖泊、古堡群喇嘛寺等在西藏、印度等地都能找到，凭什么认定在中甸？宣科先生又提出了更重要的论据，他认为《失去的地平线》描述的红土高原及三江并流的地貌特点，只有中甸具备。地球上唯一的红土高原在云南，而三江并流的世界奇观，绝对是中甸独有的奇观。长江上游的金沙江和澜沧江、怒江，三条大江在中甸境内呈"三"字形向东奔腾飞泻，形成"三江并流"的雄伟奇观。

经过云南省海外旅游公司、新加坡两家著名旅游集团与有关专家长达一年的考察、论证，确认希尔顿笔下的"香格里拉"就在中甸县内。

中外专家对"香格里拉"的论证一经传播，被认为是"桃源仙境"的中甸就吸引了世界。一幅海拔1000米到6740米、拥有摄氏30多度到零下几度的立体交叉气候带、方圆几万平方公里的绚丽画面展现在人们眼前：雪山环绕、草原绵亘、三江并流、千湖神女、世间少有的低纬度冰川、万顷原始森林、黑颈鹤、金丝猴、同存共融的儒释道文化……国家旅游局的副局长程文栋在考察了中甸的旅游资源后认为，"香格里拉"将成为我国最主要的旅游线路之一。

山西古堡之谜

山西省介休市在地图上是个极不起眼的小城市。从介休市南行十多千米，有一个三面临沟、一面靠山的村叫张壁村。从1994年开始，张壁村村民平静的躬耕生活被打破。在这个占地仅0.12平方千米的小小山村中，密集着我国一直未被发现的集文化、宗教、军事于一体的古建筑群，而且发现了一个结构精巧、令现代军事专家拍案叫绝的古地道。这些建筑和地道，成为留给文物学家难解的千古之谜。

据历代的《介休县志》记载：介休有九寨四十堡，唯独没有记载张壁古堡。这是编著者的疏漏，还是有意避而不谈？令人费解而又耐人寻味。

城堡的设计者堪称旷世难得的建筑奇才。城堡周长1300米，从南至北300米，从东至西400米。弹丸之地，竟有空望佛行宫、关帝庙等9座庙宇和9口深水井，集军营、校场、仓储、民居、地道于一村，建造规范整齐，民居布局井然有序，庙宇点缀适当得体，历经千年，至今仍保存完好，极具神秘色彩。那么，这个神秘的古堡又是什么人所建的呢？奇怪的是，史书和《介休县志》各种版本找不到构筑张壁堡的只言片语，查遍县城及有关碑碣，也无从稽考，这实属于一大历史之谜。

古堡南门外关帝庙的东侧有三孔砖砌的窑洞，中间一孔里有一座两头靠墙、上渐达顶的木雕神龛，龛前还设有供桌、供椅。20世纪70年代，有人曾要把"千手观音殿"改为仓库。当人们搬掉神龛后，发现后墙壁有破绽，出于好奇，便动手撬砖。结果奇迹出现了，原来里面是个墙柜式的神龛，供奉着一尊塑像，坐姿如佛，神态似道，衣着像官，谁也搞不清楚他是什么人物。过了10年，有一位参观者看到塑像外表的泥剥落，用手抚摸时才发现内中是一尊实心的铁铸像。1994年，几位著名的专家和教授也参观了这一奇

△ 张壁古堡地道

迹。他们说，我国的铸像都是分解开铸成，然后再焊接起来，中间是空的，像这种整体实心的铁像，从没有见过。那么这尊铁像到底是谁，为什么要用砖密封，为什么外面要加泥塑，为什么又用"千手观音"遮掩？这又是个千古之谜。

　　张壁古堡的地道至少有3500米长，分为上、中、下三层。上层距地面仅数米，下层距地面十多米。每层每条都有通道相串联，有贯眼可通话、瞭望。而每层地道隔一段距离就有大小不等的拓宽区、旁洞，小则有2~3米的空间，大则可放两个班的兵力。地道下层有较宽敞的仓库可储粮草，还有喂马的马厩。有趣的是，地道距地面最薄的地段设在两个堡门洞下和重要的交通道口，地面上碾米、步行，甚至咳嗽、谈话，地下都能听得一清二楚。张壁古地道始建于何时？至今众说纷纭。在古代没有火器和现代化装备的情况下，要攻破这样坚实复杂的地下工事，几乎是不可能的。

鸟吊山为什么会变为"鸟的地狱"

在云南西部,大理北边有一座神奇的山,这座神奇的山坐落在云南西部洱源县境内,位于洱源县城西南约20公里。每年农历八九月间,各种鸟类成群结队,盘旋于凤翔、灵鹫诸峰,多至数万只。当地人在山坡上燃起篝火,鸟儿就会被火光吸引,着魔似的在火堆周围飞翔、盘旋,甚至冲进火堆。即使人们用网捕捉,用竹竿扑打,鸟儿也不会飞走。这座山就是鸟吊山。

据统计,全国现已发现的鸟类有1170多种,而云南就有770多种,其中有的属于世界稀有品种。这些鸟类,有的是常年以云岭为家的留鸟,有的是适时来访的候鸟,还有南北迁徙途经云南的旅鸟。据科学工作者们的考察,旅鸟从北至南经过云南的路线主要有二:东面由四川盆地溯金沙江河谷而上,沿乌蒙山脉向南飞;西边是由青藏高原顺横断山脉南下,沿哀牢山红河河谷南迁。滇西洱源县的鸟吊山,就是其中著名的中途站之一。

关于鸟吊山,还有一个非常凄美的传说:凤羽坝,四面山岑环抱,是个柳叶形的长条坝子,自古以来就是个美丽富饶的地方。住在这里的乡亲,手勤脚快,肯下苦力,因此庄稼茂盛,特产富庶,大家都过着吃饱穿暖的好生活。可是后来,坝子里出了个恶毒的赵土司,仗着官府势力压榨百姓,把百姓的牛羊统统归为己有。弄得百姓叫苦连天,走投无路。

这时,坝子东边天马山脚下住着一对小两口,男的叫春生,女的叫桂花。他俩眼看着大家被逼得没有活路,心里非常气愤,便挨门串户把人们喊到一起,商议对付赵土司的对策。后来,他们一直赞同把赵土司家的粮房打开把自己的粮食拿回来。大家下定主意,即刻带上扁担、镰刀,一窝蜂地冲进赵土司的家。百姓们人多势众,打开了粮房,挑的挑,背的背,就把粮食拿了回来。

△ 鸟吊山

　　赵土司事先哪里料到会发生这事，一时抵挡不住，只急得像热锅上的蚂蚁团团转。等到大家走散了，他便调集兵马，跑到四乡去捉拿百姓，把男女百姓一串串拴了回来，桂花也被拴来了。赵土司一眼看见她生得美貌，叫人把她放了，喊入内房，威逼她做自己的小老婆，并口口声声地说："和我成了家，何愁没吃没穿！"桂花吐了他一脸口水，骂道："乌鸦梦想配凤凰。"赵土司恼羞成怒，就叫人把她关进了土牢。

　　等到第三天半夜，春生手拿一把闪闪发光的刀，悄悄摸进了赵土司的牢房，救出了桂花，连夜向别处逃去。

　　赵土司哪里能把到嘴边的肉丢掉，马上派人追赶。一直追到坝子东边的天马山上，把春生和桂花层层包围了起来。春生顽强拼斗，但因寡不敌众，眼看陷入绝境，小两口便双双吊死在天马山上。赵土司一见，还不甘心，叫人用干柴烈火烧了这对夫妻的尸体。霎时烈火熊熊，火花四溅，从噼噼啪啪

中国地理未解之谜

的爆炸声里，突然飞出一对金凤凰，拍打着翅膀飞过凤羽坝子，一直往罗坪山山顶飞去。

这对金凤凰飞到罗坪山山顶，不幸碰上了一场大风雪，又冻死在山上。金凤凰死后，又化作两朵彩云，雌凤凰化作一朵彩云飞向北方，雄凤凰化作一朵彩云飘向南方。两朵彩云飞呀飞，飘呀飘，每到阴历七八月间的夜晚，悠悠伸长，又连结在罗坪山顶上。一到彩云结合，千禽百鸟便从很远的地方飞来，凭吊这对死去的金凤凰。这个山头便被称作鸟吊山。

《南诏野史》亦说："（唐）高宗显庆二年，凤鸣于浪穹罗浮山，乃改名为凤羽山。"这时节，当地居民从四面八方的村寨赶来，上山猎鸟；青年们亦邀朋呼伴，借机唱曲对歌，观看"百鸟朝凤"奇景。满山人群，如同过节。待夜雾弥漫，月色暗淡，人们点燃成百个火堆，顿时火光四射，鲜红的火焰飘扬天际，雾气呈现五光十色。群鸟先后破雾冲下，扑向火光，猎者张网以待，有的人一夜可捕数百只。从捕获的品种看，多非本地所产，如大雁、灰鹤、鹭鸶等等，多数不识其名。大者如羊，小者似蝶。近些年来为保护鸟类，此捕鸟行为已被禁止。前人对此捕鸟多有惋惜，有《凤山鸟吊》诗云："凤德哀时谩群辉，应怜羽族不知机。鸟为吊山山吊鸟，火光透处是重围。"

早在我国北魏时期，郦道元老先生就将人间胜景百鸟聚会写进了他的传世名著《水经注》中："……有叶榆县（今云南大理市），县以北八十里有鸟吊山，众鸟千百，为群其会……俗言凤凰死于此，故众鸟来吊，因名鸟吊。"

后来，我国明代大旅行家、地理学家徐霞客，曾专程来凤羽考察，并将考察所得录入到他那赫赫有名的《徐霞客游记》里。

凤山鸟的现象，史志多有记载。道光《浪穹县志》"凤山微异"条载："每岁七八月，众鸟千百为群，翔集此山，奇毛异羽，灿烂岩谷，多非滇产，莫可指名。亦一异事。土人伺夜燃火取之，内有无嚎者，以为哀凤不食也。频年示禁，卒不能止。"北魏郦道元的《水经注》，是6世纪以前，我国最全面、最系统的综合性地理著作，其中就记有：叶榆县"西北八十里，有吊鸟山，众鸟于百为群共会，鸣呼啁晰，每岁七八月至，十六七日则上，……雉雀来吊，夜燃火而取之，其无嚘不食，似特悲者，以为义鸟，则不取也。俗言：凤凰死于此山，故众鸟来吊，因名吊鸟"。看来，1400多年前，洱源的鸟吊山，就已知名于世。

1958年秋天，鸟吊山旁山坡上一幢房屋失火，恰好是五月有雾的夜晚，扑救不及，熊熊火光吸引了许多鸟儿飞来，在火光附近徘徊飞翔，人们这下才知道原来此地是一处可以烧火打雀的山。从此之后，年年秋季都有人来此打鸟。据说"文革"期间曾有一夜打死的鸟类用麻袋装，整整装了七辆手扶拖拉机的历史记录。

候鸟在长途迁徙过程中有许多休息站，鸟吊山是其中之一。那么鸟儿为什么会在鸟吊山出现这样的现象呢？有关生物学专家曾经对鸟吊山的这一奇怪的现象进行过深入的研究，有人提出鸟类迁徙飞行是以地面山川流、海岸线或空中的月亮、星辰为导航标志。迁徙鸟类大多数是白天觅食休息，夜间飞行。月明星稀、天气晴朗之时，飞行高度高，飞行速度也较快。当阴雨天或大雾弥漫之时，飞行高度降低，飞行速度减慢。特别是大雾弥漫的夜间鸟类因迷失方向，便有趋光习性，它们会朝着光源飞行。云南秋季常受季风控制，滇东受东南季风，滇西受西南季风影响，它们分别从印度洋和北部湾带来大量水汽。遇到高大山体，气流抬升，气温下降，夜间多在山腰山顶地带冷凝成雾，持续到次日清晨方散去。在这种情况下，鸟类就会迷失方向，如果有光源出现，它们便会急不可待地飞向前去。此时它们很容易被人们燃起的火引诱捕捉。

尽管答案好像很明确了，但是像鸟吊山这样气候的地方肯定还有不少，那么为什么其他地方却没有这样的情况发生呢？看来，以上的说法并不能完全用来解释鸟吊山是鸟儿地狱的原因。其真实原因还有待于人们的进一步研究。

广西天坑未解之谜

在广西西北部与贵州交界的广阔地带，有着中国最神奇的石灰岩岩溶奇观。如果在空中俯瞰，会看到石灰岩的地表被地球上潮湿多雨的气候切割成连绵不断的峰丛洼地，就像是大海中涌动的波涛，但这样充满韵律的地貌形态在某些地方却被一种神秘的力量毫无顾忌地打破了：石灰岩的峰丛洼地之间，分布着一些巨大的地表坑陷，它们像是地球突然陷落之处，深不见底，令人畏惧。

这就是广西乐业县的天坑群，一个世界上极为罕见的喀斯特溶洞群，经过初步科学考察已经认定这是目前世界上最大的天坑群。它由近20多个天坑组成，最深的达600多米，浅的也有300多米，形状犹如一个个巨大漏斗，隐藏在群山峻岭之中。

这个天坑群的主要景点就是大石围天坑。

"石围"是当地人对天坑的一种形象化的比喻。大石围位于乐业县同乐镇刷把村的北边，深度约为613米，长约600米，宽约420米，其容积约0.8亿立方米，位居世界第二位。在海拔1400多米的峰顶往下看去，雄伟的峭壁如斧劈刀削般森然直立，巨大幽深的大石围坑口，就像大山仰天张开的大嘴巴，仿佛有无穷的魔力，要把人吸进去。

在当地，关于大石围天坑的传说有很多：一种说法是，每当有人要下大石围，这里便会天空骤变，浓雾突起，大雨滂沱，因为"天神被触怒了"；另一种说法是，每逢天旱，天坑附近的山民为了祈雨，每每要向天坑底部投掷巨大的石块，随着石块在隆隆声中飞向底部，人们祈求的雨水也随之而来；还有一种说法，下大石围必须有女人相伴，否则就会有去无回。每种说法都带有神秘色彩，都似乎在提醒人们，大石围是神的禁地，轻易去不得。

△ 乐业大石围天坑

最容易让人相信的是当地曾下过谷中采药的山民的话，在那里他们曾见到很多蛇，包括碗口粗的巨蟒，而这同样又为大石围增添了恐怖。

大石围冬天的雪，气势磅礴；大石围三月的樱花，也照样开得绚丽豪迈。

乐业大石围天坑群是从1973年开始引起科考界关注的。从那时起，广西当地、全国和世界各地的地质专家、洞穴探险家、动植物学家就不曾停止过对天坑群的科学考察。

据考察研究，乐业天坑群的基本成因主要有这样几点：

一是乐业地区是大面积的碳酸盐岩，符合"岩体必须是可熔的"这一天坑形成的基本条件；

二是乐业附近的地质构造是很少见的"S"形旋钮构造，而天坑群正处在"S"形旋钮构造的中部，使岩层产生了深度很大的张性裂隙；

49

三是地下水长时间对岩层的不断侵蚀、搬运，逐渐形成巨大的地下空洞，地壳运动时整个岩层垂直塌陷；

四是乐业地处云贵高原东南麓，受印度洋板块和欧亚板块互相挤压抬升的造山运动的影响，地表不断往上升，而地下河系统不断向下侵蚀，才会使天坑越来越深。

乐业天坑群几乎囊括了各种类型的天坑和溶洞的景观，具有极高的科考、探险价值。除确认为最大的天坑群外，长300米、宽200米、最高处达260米的大曹溶洞地下大厅，被确定是我国最大的地下大厅，也是世界第二大地下大厅，完全可以放得下一个北京工人体育场。地下大厅顶部距离外界地面只有20米，是一个正在形成的天坑。

天坑同时还是一个独特的动物、植物基因库。大石围天坑与世界上所有天坑迥然不同的是，它现在还处在旺盛的活动期。这里存在着一个几千万年前就生长繁衍与世隔绝的古生物群落，是当今世界上绝无仅有的远古时期生物标本。这里的原始森林经过实地测量，面积足有9.6万平方米，堪称世界上最大的地下原始森林。很多树木粗壮、高耸，一些酸枣树队员们要三人合抱才行。天坑底部到处青苔遍布，灌木丛生，无处下脚。让人兴奋的是，这里发现了比与恐龙时代同期生长的国家一级保护植物桫椤还要古老的短肠蕨类植物、稀有绿色兰花，还有我国首次发现的面积达500多平方米，并且成片相连的带刺儿方竹林及其他珍贵的植物。森林里空气湿润清爽，又寂静异常，山崖上几声鸟鸣，让你更觉得山林的幽深。这里的一切给人的印象是洁净、寂静、充满生机又绝对的平静和缓。

发现的一批神秘洞穴动物，分别被命名为天坑中国溪蟹和张氏幽灵蜘蛛。还有十几种动物标本由于形态特殊，难以分类。现已发现了11种大型脊椎动物化石，特别是发现了我国目前看到的最早、最完整的熊猫头盖骨化石。

到天坑旅游，有另外一种诗意的说法，叫做"地心之旅"。这些年来，多国探洞好手借助专业的器械，利用垂直探洞技术深入大石围天坑群，到达"地心"，才发现这个地下世界其实是一个动力澎湃、充满活力的地方。在那里，密如蛛网的地下暗河四通八达，冷暖河交汇，穴珠、莲花盘等溶洞奇观众多，盲鱼、透明虾等珍稀动物纷呈，丰富多彩，瑰丽无比。

大石围天坑地下的原始森林、地下洞厅、地下河流是人类从未涉足过的地方，因此它充满了传奇、神秘的色彩。

近年来，由中外专家们组成科考队，对乐业天坑群进行了全方位的考察，考察中发生了一段有趣的事情。有一次，当科考队员刚靠近天坑底部的碎石斜坡时，一不小心登上松动的石块儿。谁也没想到，石块儿滚动竟然引起天坑底部产生巨大响声。顷刻间，晴朗的天空忽然乌云密布，狂风大作，电闪雷鸣，暴雨如注，好像一下子整座山都摇摆起来。原来人们传说大石围天坑有神灵，每当干旱时候，人们只要将石块儿投入坑底，就会引来神灵。而一旦骚动和响声停止了，马上就会云消雾散，风停雨住。

对于大石围天坑如此神秘的天气骤变现象，专家们认为是这里特有的地理环境、气压气流所造成。

3月份在乐业并不是雨季，而在大石围天坑600多米深的地下溶洞里，河水湍急、奔流不息。经专家们测定，这里的河水在岩层包裹和茂密的森林保护下，水温为18.4℃，几乎常年处于恒温状态，水质几乎没有任何污染。令人奇怪的是，科考队在洞内发现1.7千米处有支流汇入，形成了两条地下河，而且河水竟然是一冷一热。在考察了6千米地下河后，专家们仍然弄不清楚，溶洞里的地下河还有多长，地下河的源头、出口在哪里，为什么河水会一冷一热？

有关地下河流对天坑的形成，专家解释说，水通过石头缝往下流，因为石灰岩是容易溶解的，所以原来的空洞就不断扩大，上面的岩石失重落下来坍塌，慢慢就会变成一个大厅，上面坍塌后，"大厅"就成了大天坑。

乐业天坑群对于我国研究天坑成因，提供了极其宝贵的实地考察的地貌资料，有关地下河流、地下原始森林及溶洞的很多科研课题，还需要科考人员不断探索研究，很多不解之谜在等待着我们！

"恐龙山"盛产恐龙蛋之谜

自1993年在河南西峡县发现恐龙蛋以来，迄今为止已经出土了三万多枚恐龙蛋化石，而如今这一数字又将被翻新。专家推测，在西峡一处约五万平方公里的山地，可能蕴藏着15万枚恐龙蛋化石，种类达到二十多种。此外，还有大量的恐龙骨化石和古生物化石。因此，西峡县将是世界上最大的恐龙化石聚集的地区，这片山地被称为"恐龙山"也是当之无愧的了。

△ 西峡县恐龙遗址

2008年，西峡县阳城乡赵营村的村民修路的时候，在公路沿线发现西峡独有的恐龙蛋化石——"西峡巨型长形蛋"。这些"西峡巨型长形蛋"单枚蛋长37厘米至50厘米，成圆圈状围成一窝，每窝在26枚至40枚之间。而在公路沿线两公里范围内就发现有二十多窝这样的恐龙蛋化石，同时发现的还有树枝蛋、戈壁棱柱形蛋等十多种恐龙蛋化石。专家推算，仅仅在赵营村，"西峡巨型长形蛋"的蕴藏量可能不少于5000枚，加上其他种类的恐龙蛋化石，总蕴藏量将超过20000枚。

从西峡出土的恐龙蛋化石来看，这些恐龙蛋分布面积很大，在西峡县的各个地方几乎都能发现恐龙活动的遗迹。另外，恐龙蛋的埋藏相当集中，原始状态保存的都较为完整，且数量之多，举世罕见。

学术界普遍认为西峡盆地是我国迄今发现的年代最早的恐龙蛋化石地，

时代大约为中生代白垩纪早期，距今一亿年左右。从现场观察，化石埋藏层倾角约50度，这可能是受新构造运动的影响所致。

西峡县为什么会有这么多的恐龙蛋化石呢，"恐龙山"又有着怎样的地理条件，来吸引数量如此之多的恐龙来此产蛋呢？专家推测可能是由

△ 西峡县恐龙山出土的恐龙蛋

于西峡山气候温和，雨量适中的条件适合恐龙的生存，且西峡山内的河流众多，也就不缺少水源这一重要条件。另外，由于恐龙不会孵蛋，它只能靠阳光的温暖来让它孵化恐龙蛋。因此恐龙一般都会寻找阳光充足，又接近水源的地方进行繁殖，而西峡就是适合恐龙繁殖的场所。也有人说化石埋藏层倾角约50度，并不是造山运动形成的。而是恐龙产蛋的地方原本就是坡面，它们是为了让蛋受到更充足的阳光照射。西峡是个盆地，它境内的山地和山岭起伏的坡度都很大，其自然坡度为33°（西峡县最高海拔是2212.5米，最低海拔是海拔181米），也就是说西峡的坡面也是吸引恐龙来产蛋的原因，但这只是一种猜测。

那么又为什么会有这么多种类和数量的恐龙蛋呢？专家说恐龙是爬行动物，而现在的不少爬行动物会像海龟一样专门去一个地方产蛋，然后再去别的地方生活。恐龙中的某些种类也是如此的，它们的产蛋地都是环境比较适宜的西峡，所以到了繁殖季节，恐龙们会从各个地方赶来产蛋，日积月累，就形成了壮观的恐龙蛋化石集聚区。而"恐龙山"则可能被恐龙们认为是西峡中最黄金的产蛋地带，这就是为什么专家说"恐龙山"有大约15万枚的恐龙蛋的原因了。

中国地理未解之谜

湖泊突然消失之谜

一场暴雨过后，把一个山谷一下子变成了"高山平湖"；8年后，湖水却又突然奇迹般地消失了，仅仅7天时间便湖底见天，只留下鱼虾在泥塘中挣扎。

神秘大湖为何来去匆匆，湖水究竟到哪里去了呢？

这个事件发生在广西壮族自治区忻城县遂意乡江村容屯。一个原本面积达26.7万平方米的大湖突然间全部干涸，意外消失了。这个大湖被当地村民称为"吨湖"。

对于湖泊干涸的情景，据当地村民说，在一天深夜约12时，吨湖方向传来"轰隆隆"的闷响，将人们从睡梦中惊醒，而随后发出的"呜呜"声一直持续到天亮。天亮后，村民跑到湖边一看，原来在湖的中央和西南角水面上，有几个巨大的旋涡在往下旋转，并且还发出"呜呜"的声音，而这时湖水已经下降大概1米多了。

据介绍，之后吨湖的水位继续以每天2～3米的速度下降，几天后，85%左右的湖底裸露，7天后，偌大的山湖基本见了底，只留下鱼虾在泥塘中挣扎。令村民更加感到奇怪的是，湖底虽然已经没有了水，但是仍然能听见流水的声音。

仅仅7天，湖泊水位骤然消退直至干涸，这件事不仅令当地村民感到惊诧不已，而且也引起了当地媒体的热情关注。据探访后得知，原来湖泊不仅"去"得奇怪，而且"来"得也很奇怪。

吨湖所在地原本是个大山谷，8年前的一场暴雨让山谷变成了湖泊。以前每年五六月雨季，虽然山谷里会出现短时的内涝，但最长也不会超过一个月。1999年夏天的某一天，一场大暴雨过后山谷里的水猛涨起来，比以往任何年份涨得都猛、都快，山谷里的水一下就深达20多米。雨季过后，水也没像往年一样消退，这个山谷从此变成了一个宽广浩淼的"高山平湖"，并且水面长期保持在26.7万平方米左右。

突然间形成的湖泊还带来了成群的鱼虾，8年来，村民过着半渔半耕的日子。

专家认为，湖泊的形成跟喀斯特地形地貌有关。吨湖应该属于喀斯特湖中的一种。

所谓喀斯特湖，又称"岩溶湖"，在石灰岩地区分布较广。喀斯特湖是侵蚀湖的一种，它可以是由具有溶蚀性的水对可熔岩进行溶蚀作用后，形成了洼地积水，也可以是由地下水溶解土壤中的盐类引起塌陷而生成塌陷湖。

国内的喀斯特湖主要集中分布在喀斯特地貌发育的黔、桂、滇等省区，喀斯特湖主要靠地下水供水，水量一般较稳定。比如云南昆明附近的滇池就属于喀斯特湖，它主要是由于地层断裂下陷而形成的。但是也有一些湖泊的湖底与地下河相通，只在雨季时出现，干旱季节湖水流入地下河，湖泊自行消失。这种情况的前提是要有漏水洞的存在，而漏水洞是喀斯特地形地貌地区所特有的，因此这种湖也可称之为喀斯特湖。

广西是我国喀斯特地形地貌分布的主要省区之一，位于自治区中部的柳州忻城地处大石山区，属于典型的喀斯特地形地貌，地下暗河密布、溶洞很多，石块间多有缝隙。吨湖的形成很可能是因为地壳运动，流经吨湖下面的暗河被塌方的石块或淤泥堵住了下游通道，暗河水无法按原来的通道流下，于是便顺着溶洞或石缝冒出地面，淹没了山谷形成了吨湖。依据连通器原理，此时吨湖的水位和地下河上游的水位应该是持平的。

虽然专家对吨湖的形成已经给出了一个科学的猜测，但是令人不解的是，如果暗河水通过溶洞或石缝冒出地面，最终形成了湖泊，那么要将一座高山和深达20多米，面积达26.7万平方米的大坑完全淹没，也是需要花一定时间的，而事实上，一场暴雨就使高山变成了深湖。

更加不可思议的是，几年来吨湖内还出现了成群的鱼虾，甚至还有村民捕捞到重达十几公斤的大鱼。

在当地某些村民中流传着这样一个美丽的传说，也许哪个龙王爷经过吞湖这个地方的时候，觉得这里的景色不错，就在这里停留下来，于是便形成了吞湖，而且还使得当地干旱的生态环境得以改变。可是好景不长，龙王爷在这里待腻了要回家，于是吞湖不复存在。

传说毕竟是传说，那么，吞湖为何匆匆而来，又为何会骤然消失呢？

吞湖虽然已经消失，但专家称，如果条件成熟，吞湖可能将重现。

吞湖形成后，巨大的水压和水流依然不断冲击地下的岩石缝隙，寻找泄流通道。同样，在地质变化等因素的共同作用下，暗河上游和下游突然贯通，水压迅速下降，湖水于是顺着来路快速消退下去。于是就发生了吞湖突然消失的一幕。这种现象多半发生在"峰丛洼地"。

所谓"峰丛洼地"的地貌，就是在各式各样的塔状与锥状溶峰之间，分布着大大小小的圆洼地，这些封闭的洼地地表土层浅薄，没有径流，洼中有"漏水洞"，因而也被形象地称为"溶蚀漏斗"。南方降水比较多，平时地表水就从漏水洞里面流走了。但当漏水洞被从上游冲下来的树枝、石块、泥沙等堵住的时候，水就无法流走，于是积水成湖。又由于某种原因，被堵住的漏水洞又被冲开，水便又会漏下去流走，形成的湖就会消退。

这种情况也有很多其他案例。20世纪70年代，贵州省织金县的织金洞风景区，也曾发生过漏水洞被堵积水成湖的情况；在云南的个旧也曾出现过类似的湖。这种湖往往不大，存在的时间也不长，但有可能反复出现。

还有人认为，吞湖不可能是地壳运动所形成的，但很有可能跟漏水洞被堵有关。

吞湖的种种不可思议的现象，留待后人慢慢去破解吧。

四川措普湖之谜

位于川藏公路318南线巴塘措普沟中的措普湖，是峡谷中景色最为壮观和秀美的一处景点。

措普湖给人的感觉是宁静，湖水颜色呈深蓝色，清澈见底，时不时几条小鱼跃出水面，一道波光便顺着鱼儿跃起的地方慢慢扩散出去，直至消失。

措普湖海拔4230米，有"康巴地区第一圣湖"之称。措普湖面积1平方千米左右，整个湖呈不规则的圆形，湖的周围是茂密的高山冷杉林，冷杉林的周围是巍峨的大雪山，两种影像同时倒影在湖中，一片祥和。"措"在藏语中是湖的意思，"普"在藏语中是源头的意思，所以措普湖在藏语中的语意为"万湖之源"。措普河是巴曲河的源头，而巴曲河最后汇入的是金沙江，可以说措普湖也是金沙江的源头之一。

措普湖，是人与动物和谐相处的天堂。良好的生态环境让措普湖成为多种高山鱼类很好的栖息场所，湖里生长着大量的高原裸鲤和细鳞花鱼。

措普湖有着很多传说，比如说湖里的水怪。当地的很多人都说自己曾经亲眼见过湖里经常会莫名其妙地出现一些怪物，有的说像龙，有的说像大水牛。说法很多，但他们都认为，不管是龙还是牛都是守护措普湖的保护神。

在措普湖的转湖道上，有各种各样的传说。

这里有一个转石洞。当地人说，这个洞可以衡量一个人的善和恶。如果能顺利穿过这个石洞，说明你做过很多善事，在来世可以生活幸福；如果无法穿过便说明你以前做过坏事，必须要在洞内起誓还愿。其实，这个转石洞就是由两块大石头碰在一起留下的一个很狭小的空间，里面地上有很多小坑，都是以前穿过这个石洞的人留下来的。

这样的传说在这条小路上多不胜数，如有三股清泉从地下流出，当地人便把这分别叫做"药泉"、"漱口泉"和"洗身泉",据说喝了这三口泉眼的水,便可以一辈子不生病。一块遍布无数小石洞的大石头叫做"求子石",传说新婚夫妇如果想生孩子,到这里许个愿便能如愿以偿。

众多古老的传说中,最具代表性的莫过于"磨剑石"和"向秋树"。

在湖的西北方向一块石头上,一道白色痕迹特别明显。当地的人说这是当时藏族民族英雄格萨尔王每次战胜归来磨剑的地方。这个传说给这块石头赋予了很高的地位,石头上挂满了无数各种颜色的哈达和经幡,曾经有多个藏族著名的大活佛来给这块富有传奇色彩的石头念经加持,以保一方平安。

在这片原始森林里,"向秋树"格外引人注目。这棵高大的冷杉树径达两米以上,树梢明显也比其他树梢高出一大截。树上挂着东西,以此警示在世的人不要过度贪图荣华富贵。

措普寺位于措普湖正北方,背依扎金甲博神山,面对措普湖。寺内经幡飘扬,法号阵阵。与气势恢弘、规模宏大的藏区其他寺庙相比,措普寺就像措普沟保护区一样,还不被大多数外人所知。

措普寺,全名"吉祥措普佛法讲修兴盛洲",寺庙主体建筑是一楼一底的石木结构大殿,大殿底楼是经堂,是寺庙和尚学习的地方。寺庙为典型的藏式建筑,建筑整体气势恢弘、庄严古朴。大殿主要供奉的佛像是"莲花生"大师和佛祖释迦牟尼。

措普寺至今已经有500多年的历史,在未建寺庙以前,这里曾经是一片乱石,当时莲花生大师就在这片乱石中修行。后来一位高僧为了纪念莲花生大师,就在这里修建了寺庙。经过几百年的不断积累,此时的措普寺已经具有了相当的规模。

措普寺内珍藏着20世纪初的美国《国家地理》杂志,杂志上有传教士洛克撰写的关于香格里拉的文章,其中便提到了措普这个地方。

湛蓝色的措普湖安静地躺在山窝中,在四周莽莽的林海和蓝天白云的衬托下,犹如一朵盛开的莲花,又像一块迷人的翡翠,充满和平与安详。这里的地貌特征和生态环境极像欧洲的阿尔卑斯山脉。

这里的地貌特征和众多的传说,使这里充满了谜一般的神秘。

青藏高原成因之谜新探

这些年，世界科学界对恐龙灭绝原因尽管有多种假说，科学家最终基本上统一到一种说法上来，这就是1980年美国科学家阿尔瓦雷斯提出的"天外星体撞击说"。

该学说认为：造成恐龙灭绝的原因是在6500万年前左右近地小天体对地球的撞击，这次撞击在地球上留下一个深6公里，直径为190公里的陨石坑，这个坑在墨西哥湾。该学说认为，当小行星进入大气层后发生爆炸，并分裂成无数小火球射向地面，造成地球上海水沸腾、岩层断裂、火山爆发、地震频繁、烈火熊熊，并形成一层厚厚的由烟尘、炭灰和二氧化碳构成的尘埃云，使地球一度处于黑暗、寒冷状态，地球上绿色植物失去光合作用渐渐死亡，食物链中断，使恐龙失去食物来源而死亡。这就是天外行星撞击说的主要内容。

那么"天外来客"撞击地球只造成恐龙灭绝这一种后果吗，有无其他的后果呢，被誉为"世界屋脊"的青藏高原的形成与其有无联系呢？

青藏高原有如下几个特点：

一是最新，二是最高，三是没有"山根"，四是（仅次于巴西高原的）世界第二大高原。它的形成在地质史上也是个至今没有解开的谜。有人认为，青藏高原也是由这次撞击形成的。

事实如下：

1.形成时间是一致的。

小行星撞击地球是在6500万年前后，而青藏高原也是在此时才由海底开始隆起的，而且至今还在以每年1厘米的速度增高。

2.地理位置大致是在各自的投影上，即在地球的同一条弦上。具体看，

中国地理未解之谜

△ 青藏高原

墨西哥湾（以其中心为准）位于西经90度、北纬15～30度之间，而青藏高原（以拉萨为准），则在东经15～30度之间。

3.面积不仅大体相当，而且墨西哥湾大于青藏高原。墨西哥湾的面积为250万平方公里，而青藏高原为220万平方公里。

4.深度和高度大致相当。墨西哥湾的平均水深为6000米左右，而青藏高原的平均海拔为4000米左右。

5.冲击能量与高原质量大致相当。据美国行星地理学家奥肯泼和大气学家贝恩斯的估计，该小行星撞击地面之际，产生的冲击能量，相当于1994年7月间苏梅克—列维9号彗星21块碎片撞击木星表面时释放出来的能量的1万～5万倍，这确实是个天文数字。而青藏高原的质量约为2.7×1028克，后者远远小于前者。

6.青藏高原的山脉没有"山根"。这一特点本身说明：该高原的形成与其他高原、山脉不同。"山根"是指巨大山脉因重力作用而穿透地壳深入地球内部的部分，也就是地幔的构成部分。根据一般的力学原理，山脉越大，山体越重，其"山根"也应越深，这样才能保持平衡。而根据参加国家"八五"攀登计划"青藏高原形成、演化、环境变迁与生态系统研究"项目的科学家们实地考察发现，被誉为"世界屋脊"、平均海拔4500米以上的青藏高原上的几条巨大的山脉，竟然似空中楼阁，没有一般山脉所应有的巨大"山根"。这证明它的形成不符合一般的地质力学原理，而正符合撞击说原理。

7. 从地球内部的构造来看，地幔物质有传导力的功能。科学家的研究结果表明，构成地幔的物质，不是液体，不是气体，也不是固体，而是处于液、固态之间有可塑性的物质。

以上7点可证明青藏高原的形成与小行星撞击地球有必然的、直接的因果关系，也就是说，小行星撞击地球时，地球的一面凹进去了，而对应的一面凸出来了。青藏高原与墨西哥湾就是由这为"天外来客"生出的"孪生兄妹"。

其实，地球的海陆分布、海陆形成，也应当这样入手考虑、分析、研究。细心的读者可能已经注意到，地球的南、北两极的形状、面积以及凹凸深度也有这种神合。

中国地理未解之谜

夏日避暑去何处

　　说起夏日避暑的地方，人们常常会首先想到青岛。的确，青岛夏季比较凉快。青岛7月份的平均气温是23.9℃，是我国东部地区许多城市中气温较低的一个城市。在7月份，北京平均气温是25.8℃，相比之下青岛就显得凉快。即使在炎热的2000年夏季，北京的7月平均气温升至29.6℃，上海、南昌、武汉三地分别达到29.1℃、30.1℃和31.1℃，青岛还是保持25.4℃的7月平均气温。青岛还兼有海滨沙滩、各种中外建筑和多处风景名胜。夏天，许多游客在沙滩沐浴海风，下水游泳，还有不少游人爬上崂山，去观赏奇峰林立、山海相映的景色。青岛成了人们夏日旅游避暑的好去处。

　　为什么青岛夏日比较凉快呢？

　　这是由它得天独厚的地理位置所决定的。青岛三面环水，一面是陆地。这样，在夏季我国东部许多地区赤日炎炎，而青岛由于受海洋的影响比较大，仍比较凉快。我们知道，在同样的日照下，海水由于可以容纳比较多的热量（学术名称叫做"热容量大"），海洋升温比陆地要慢得多。夏季烈日高照时，我们感到气温相当高；但下海游泳时，感觉到海水还相当凉爽。由于青岛三面环水，到达青岛的风大多吹过广阔的水面，使空气温度降低，所以青岛夏日温度比其他一些东部城市足足低了好几度。

　　夏日避暑的另一个好去处是昆明。昆明冬季不冷，夏季不热，有"春城"之称。当1月份我国北方地区寒风怒号之时，昆明却春意盎然，树木青翠，绿草如茵，美丽的红嘴鸥在翠湖上飞翔嬉水。当7月份我国长江流域的重庆、武汉、南京的市民暑热难熬之时，昆明却凉风习习，气候宜人。昆明7月份的平均气温只有19.8℃，足足比武汉低了9℃。如果以月平均气温10~22℃作为春天的话，昆明一年有300天属于春天。

昆明冬天不冷，这是因为云贵高原对北方冷空气有阻挡作用。此时，昆明受来自低纬度大陆内部西南干暖气流控制，天气晴暖。一般情况下，北方冷空气难以到达昆明。但是若北方冷空气势力特别强大，昆明还是会受到冷空气影响的，还是有可能出现白雪飞舞的景象。

昆明夏季不热，这是因为昆明地势比较高，平均海拔为1891米，空气比平原地区稀薄，大气保温作用较弱，地面热量易于散发，因此昆明不会出现如同长江中下游地区夏季高温闷热的天气。

另外，昆明城边的滇池面积比较大，对昆明的气候也有一定的调节作用。

昆明尽管一年之中各月平均气温变化不大，但是它一日之中气温变化却是比较大的。有时候，人们一早起来还感觉有几分寒意，但午后却阳光强烈，气温明显上升。在一天的时间里，你可以见到有人穿毛衣、戴帽子，也可以见到有人穿裙子、穿背心。因此，夏日去昆明避暑，还是要适当多带一些衣服，以备早晚穿着。

除了青岛和昆明外，还有不少地方适合夏季避暑。去一些山上避暑，也是一种不错的选择。例如，夏日的庐山清凉宜人，更有锦绣谷、仙人洞、三叠泉等风景名胜。当山下人们大汗淋漓，饱受酷暑之苦时，山上却凉风习习。若此时再品上一杯庐山云雾茶，更令人心旷神怡。

世界上有不少地方在7月份天气不热，有的还十分凉快。例如，德国的科隆由于受大西洋海风的影响，7月份平均气温只有18.4℃。在澳大利亚的悉尼，7月份平均气温仅为11.8℃，因为澳大利亚位于南半球，此时正值悉尼的冬季。这些地方，也是北半球人们避暑的好去处。

中国地理未解之谜

苏杭山水藏谜团

俗话说："上有天堂，下有苏杭。"苏州和杭州一带山清水秀，风光旖旎。但是在这些青山绿水中，有不少现象是人们不太清楚的。例如，杭州的飞来峰就使人感到迷惑不解。

飞来峰位于杭州西北部，著名古刹灵隐寺就在它的山麓旁。飞来峰共有造像300多尊，其中弥勒佛形态安详，神态飘逸，体现了我国宋代雕塑作品技法精湛的特点，是一个著名的艺术杰作。飞来峰造像是我国古代造像中元代造像最多最集中的一处，在我国石窟艺术宝库中具有独特的地位。

飞来峰与其周围挺拔高峻的天马山、美人峰、北高峰相比，显得矮小。令人惊奇的是，飞来峰是石灰岩，但其外围是一种砂泥质岩石，两者属于两种不同的岩石。因此，人们在想知道飞来峰是怎么形成的呢？

相传326年，印度高僧慧理云游至此，看到这里古木、怪石、奇洞、碧水，惊叹曰："此乃中天竺国灵鹫山之小岭，不知何年飞来？"他在此地住下建寺，取名"灵隐寺"。并把寺前小丘叫做"飞来峰"。

飞来峰真的是飞来的吗？

我们先来看一下飞来峰所处的地形。飞来峰长约800米，宽约400米。向东北为一扇状地，而在其他方向则为诸多山峦环绕。飞来峰与这些山岭之间有沟谷和坡地，这些沟谷和坡地为石炭纪早期的砂泥质岩石。而飞来峰则是石炭纪中晚期的石灰岩，可见飞来峰的构成岩石比它周围岩石要年轻。在沟谷和坡地外围的山岭则是由泥盆纪的石英砂岩构成。因此，从岩石形成早晚关系来看，从飞来峰向外，岩石形成时间越来越早。地质专家再根据飞来峰岩层向中间下凹的特点，判断出整个飞来峰是一个向斜构造，即褶曲构造中岩层向下凹曲的部分。

△ 飞来峰

那么飞来峰为什么成为小丘，而其周围山峦又比飞来峰高得多呢？原来，飞来峰周围山峦由石英砂岩构成，抗风化侵蚀能力相对较强，因此它海拔较高。飞来峰与周围山峦之间的沟谷和坡地是砂泥质岩石，其岩性松软，易被风化侵蚀，因此形成海拔相对较低的沟谷和坡地。形成飞来峰的石灰岩抗风化侵蚀能力介于上述两者之间，故形成了小丘。

因此，据一些专家的意见，飞来峰并不是从别处飞来，而是一种向斜现象，因向斜中心岩石与周围岩石岩性不同，从而形成差异性侵蚀的结果。

苏杭山水另一个不解之谜是太湖的成因。

太湖是我国著名的大湖之一，水域面积为2420平方千米。临湖远望，只见烟波浩渺，远处水天相连。但太湖是一个浅水湖泊，平均水深仅2.1米，最深处为4.8米。多年以来，不少科学家一直在探索太湖的成因。

较长时间以来，人们一直认为太湖的所在地原先是浅海水域。后来这一片水域被沙嘴、沙坝等所封闭，逐渐形成湖泊。这一类湖泊叫做潟湖。

在20世纪80年代，南京地理所湖泊研究室对太湖进行了湖底地层测定，结果是太湖湖底没有发现一般潟湖所具有的淤泥,也没有在湖底地层中找到海相生物的化石。这使人对太湖潟湖成因说产生了怀疑。而测定却表明太湖湖底大多是2~4米厚的黄土层,并且在东太湖水下还发现了距今六七千年以前的瓦片、绢片、稻谷等物。这一切表明,在六七千年之前太湖所在地还居住着人类。因此,南京地理所孙顺才、伍贻范等专家认为,太湖原来是冲积平原上的河道和洼地,后因宣泄不畅才积水成湖的。

1990年有报道,南京大学大地海洋科学系傅成义用一系列证据表明,太湖是由陨石撞击而成的。他的证据是,在太湖内的岛上和太湖四周发现有陨石撞击地球后出现的击变岩。更有力的证据是,太湖底部基岩面上有大量的宇宙尘和熔融玻璃。太湖西南岸线呈圆弧形,也像陨石从东北方向撞击地面而留下的痕迹。其他一些专家也在太湖考察中发现了陨石撞击太湖的证据。南京大学地球科学系王尔康在太湖泽山岛发现了泥盆纪五通组石英岩受冲击变质的证据,提出太湖是由彗星爆炸撞击地面而形成的。但也有人对此提出疑问,他们认为,若是陨石撞击地面,从太湖面积看,这块陨石应该相当大。但撞击后的陨石坑却这么浅,这与质量巨大的陨石撞击地面理应形成较深陨石坑的情况不相符。即使陨石进入大气层后发生爆炸裂成一些碎片,那么也应在太湖底找到一些较深的小坑,但实际上太湖水相当浅,不存在这种较深的小坑。

太湖究竟是怎么形成的,至今人们还有不同的看法。今后随着研究的深入,人们最终一定能够解开太湖成因之谜。

苏杭山水中还蕴藏着其他一些谜团,它们正等待着人们潜心研究,逐一解开。

为什么"桂林山水甲天下"

桂林以其绮丽多彩的山水吸引着无数中外游客。这里许多山峰拔地而起,姿态万千,山间树木青翠,碧水环绕。人们泛舟漫游,穿梭于绿水青山之间,享受着这恬美秀丽的景色,感叹大自然造就了如此山清水秀的地方。桂林还有许多大小岩洞,洞内幽深曲折,奇幻迷离。自古以来,就有"桂林山水甲天下"之说。

为什么桂林的景色如此秀美呢?

桂林一带石灰岩分布很广。这一带气候比较湿热,溶于水中的碳酸对石灰岩有溶蚀作用。这些水有时沿地表沟谷平流,有时随岩石中裂隙下渗,从而形成各种溶沟、石芽、峰丛、峰林、洞穴等地上和地下石灰岩地貌。在溶洞里,含CO_2较多的水从岩石裂隙出露到洞顶时,水滴失去一部分CO_2而处于过饱和状态,于是有碳酸钙残留下来,并随水不断下滴,碳酸钙不断往下延伸而形成细长的石钟乳。当水滴从石钟乳滴落至洞底时,同样道理会在洞底产生碳酸钙堆积,形成锥状的堆积物,叫做石笋。若石钟乳和石笋不断增大,相互对接,便形成了石柱。一些地方地下水量很大,形成地下河,所以在一些溶洞中可以坐船游览。

广西属于南亚热带湿润地区。多雨的环境一方面促进植物生长,使生物成因的CO_2增加,植物根系还分泌出有机酸渗入水中;另一方面多雨的气候使水循环加快,加上气温较高也使化学反应较快,所以广西比处于暖温带的河北溶蚀量大6~10倍,气候因素也促进桂林石灰岩地貌的发育。

我国西南地区石灰岩广布,气候又比较湿热,因此不少地方均有一些石灰岩地形的分布。例如,云南路南的石林便是一种颇为奇特的石灰岩地形。这里奇峰众多,有的如玉笋丛生,有的如刀剑插地,更有一些石柱、石锥一一排成队，宛如雕塑而成一队军士。奇峰怪石重重叠叠，人行其中犹如穿梭在石头组成的"森林"中一般。这是千万年来，富含二氧化碳的流水对裂隙众多的石灰岩不断溶蚀的结果。

在四川省南部边缘的兴文县，广泛分布大大小小的溶洞，面积在1万平方米以上的溶洞就有20多个。洞内弯曲幽深，洞中有洞。有些地方有几个足球场大小，有的地方只容一人侧身而过。一排排的钟乳石从洞顶垂挂下来，敲打它们几下，则会发出清幽的声响，给寂静的山洞带来几分生机。这些地下洞穴，也是地下流水多少年来不断溶蚀的"杰作"。

据报道，人们发现在云贵高原东坡的广西乐业有世界罕见的天坑群，这里天坑有17座之多，且类型多样。其中一座叫做"大石围"的天坑深达613米，坑口南北长420米，东西长约600米，容积约有0.8亿立方米。天坑四周峭壁陡立，科学考察队员身系绳索，小心翼翼沿峭壁下探。现已初步探明，大石围天坑底部有大面积的原始森林，面积达十几万平方米。这原始森林内植物种类繁多，而且大多与坑外植物不同，其中有一种植物叫做桫椤，属我国一级保护植物，被称为恐龙时代的活化石。坑内还发现了一种人们以前从未见过的蕨类植物，更是十分珍贵。大石围底部连着地下暗河，河里有鱼。因坑底终年黑暗，这些鱼的视觉器官已退化，成了盲鱼。

这巨大的天坑是如何形成的呢？乐业位于石灰岩地区。这里石灰岩分布广，厚度也大。受含有二氧化碳的水的不断溶蚀，这些地区形成不少溶洞。随着溶蚀的不断进行，这些溶洞顶部越来越薄，最后，溶洞顶部坍塌，从而形成了这些天坑。专家推测，乐业天坑群大约形成于300万~400万年之前。

由此可见，大自然是世界上最伟大的雕塑师，早在人类历史以前，大自然就一直不停地对地上和地下进行着雕塑。今天我们见到的千奇百怪的山峰、石林、溶洞等，正是大自然向我们展示的它的"杰作"。

为什么会形成长江三峡

长江三峡西起重庆奉节的白帝城，东至湖北宜昌的南津关，全长190多千米。长江三峡是瞿塘峡、巫峡和西陵峡的总称。三峡两岸悬崖壁立，江中水流湍急，一路上奇峰众多，两岸名胜古迹不断，是自然和人文景点集中之地，三峡有"天下奇景"之称。

瞿塘峡从白帝城到大溪镇，是三峡西段的第一峡，全长约8千米，以雄奇险峻著称。瞿塘峡峡口两岸是1300多米高的陡峻山体，江水在山间穿过，形势险要。此峡门叫做夔门，以雄伟陡峭而著称。此处江面最窄处不足百米，急流奔腾而下，景色十分壮丽。瞿塘峡两岸

△ 巫峡

多名胜古迹。白帝城位于瞿塘峡口北岸，地势十分险要，历来为兵家必争之地。白帝庙正殿叫做明良殿，气势雄伟，内有刘备、关羽、张飞、诸葛亮像和刘备托孤的彩塑群像。明良殿右有武侯祠，武侯祠对面为观星亭，相传诸葛亮曾在此观星象。三峡水库蓄水后，水位升高至半山腰，白帝城将四面环水，更显其湖光山色之美。"瞿塘古栈道"长约4千米，它上为悬崖峭壁，下为奔腾江水。三峡工程建成后，古栈道将会被淹没。

巫峡从重庆巫山县大宁河口至湖北巴东县官渡口，全长约40千米。巫峡

中国地理未解之谜

△ 西陵峡

以幽深秀丽为特色。这里两岸群峰对峙，江水逶迤曲折，不时有云雾飘来，更添几分神秘气氛。神女峰挺拔秀丽，宛如美丽的少女亭亭玉立，令人遐想无限。岸上古树被青藤缠绕，清泉飞瀑时现。船行其间，忽见前有大山挡道，似有断江之势；再向前驶船，则见两山如门移开，给人以"山合江断疑无路，峡开水来又一峰"之感。三峡水库蓄水后，不会对巫峡秀美景色造成大的影响。巫山十二峰高耸挺拔，如神女峰从水面至峰顶有860米左右，蓄水后水位上升80～100米，神女峰仍高出水面700多米，神女仍将屹立江边，远望滚滚江水，迎送千百舟帆。

西陵峡西起秭归的香溪口，东至宜昌的南津关，全长约70千米，以滩多水急为特色。新中国成立以前，三峡船夫每经此，险象环生，一不小心就会船沉江底。新中国成立后，此航道经多年治理，再加上葛洲坝水库蓄水后水位上升，使险滩沉入江底，可安全航行。西陵峡自然、人文景观甚多。秭归是屈原的故乡，相传屈原投江后，其姐将弟弟遗体打捞起来后护送回家乡，众乡亲为之感动,改县名"姊归",后又改变为"秭归"。屈原是我国伟大诗人之一,一生写了不少辉煌的辞赋,包括著名的《离骚》、《九歌》、《九章》等名篇,久为世人传颂。在秭归县城归州镇以东1.5千米处有屈原祠,祠内有4米高的屈原铜像,屈原峨冠博带,腰佩长剑,甚为潇洒。屈原祠周围是一大片橘树林,营造了屈原诗歌《橘颂》中的意境。黄牛峡是西陵峡中名峡之一。黄牛峡两岸山势高耸,为典型的震旦纪断层,这种断层岩石十分古老。在黄牛峡南岸有著名的黄陵庙。黄陵庙建于春秋时期,当初叫做"黄牛祠",以纪念黄牛助禹王开山之功。后至三国时期,诸葛亮率军入蜀重修此庙。到了宋代,欧阳修至此改"黄牛祠"为"黄陵庙"。黄陵庙的主要建筑为禹王殿,供奉禹王。几千年以来,许多文人墨客到过黄陵庙,留下诗文众多,如宋代苏东坡曾在此赋诗《黄牛庙》。三峡水库建成后,西陵峡西段因水位升高而使峡感有所减弱,其东段则位于大坝下游,不受工程影响。

长江三峡为什么会形成两岸峭壁危崖林立,中间江水急流奔腾的景象呢?据科学家考察研究,这一地区的山体长期处于上升阶段,而长江在此河段却控制了三峡以上大约100万平方千米流域面积的来水,水量十分丰富。源源不断的长江水长年累月冲激、深切其下坚硬的岩石,从而形成这险峻的峡谷。

三峡工程建成蓄水后,对三峡景区会产生什么影响呢?据专门研究,三峡水库蓄水后,在重庆与三斗坪之间,长江干流水位最大抬升为110米,要淹没一部分景点。这些景点约占三峡库区景点总数的13%,淹没损失不能算很大。一些重要景点,如建于1700年前的张飞庙将迁址重建。瞿塘峡峡高600～1300米,巫峡十二峰峡高800多米,蓄水后水位升高,但只减少峡高一小部分,这些峡谷雄姿美态将不会有大的改变。

世界上最大的峡谷在何处

长江三峡是著名的峡谷。有人可能会问,有没有比三峡更雄伟的峡谷?世界上最大的峡谷在什么地方?

说到世界知名的大峡谷,不少人首先想到的是美国西部的科罗拉多大峡谷。科罗拉多大峡谷由科罗拉多河切割高原而成,峡谷长370千米,最深处达2133米,曾被认为是世界上最大的峡谷。

然而,我国科学工作者通过对雅鲁藏布江大峡谷的考察,发现雅鲁藏布江大峡谷深度十分大,远远超过科罗拉多大峡谷。

雅鲁藏布江围绕海拔7782米的南迦巴瓦峰作了一个大拐弯。这里,山岩呈"V"字形,江面坡降最大处达到7.5%,汹涌的河水咆哮着奔腾在这谷底河道中。从空中向下看,两岸雄峰对峙,江水绕山奔流,形成世界上独一无二的奇特景象。雅鲁藏布江大峡谷长达504.6千米,平均深度为2268米,最深达6009米。大峡谷江面宽度从入口处660米,逐渐收窄到最窄处仅为35米。无疑,雅鲁藏布江大峡谷在世界各大峡谷中,深度最大,长度也最大,是世界上最大的峡谷。

雅鲁藏布江大峡谷所在地处于地壳上升运动十分强烈,形成高大山脉,雅鲁藏布江水量大,水流急,河水深切河谷,形成了世界上最大的峡谷。

雅鲁藏布江大峡谷一带自然景观奇特。河谷地带是热带季雨林,山顶则是冰雪覆盖,从低到高,垂直自然带发育完整。这里生物种类也特别丰富,据统计,这里具有西藏60~70%的生物资源。这里有世界上其他地方已经绝迹的珍贵生物,是名副其实的植物王国。

雅鲁藏布江大峡谷河段是我国水能资源最丰富的河段之一。这里河流落差巨大,水量丰富,蕴藏着极其丰富的水能。仅从西兴拉到帕隆藏布汇口20

△ 雅鲁藏布江大峡谷

余千米的河段，仅水能蕴藏量便达到3800万千瓦，超过两个三峡水电站的装机容量。今后水能资源开发的前景十分诱人！

　　雅鲁藏布江大峡谷山高谷深，峡谷两岸林木苍翠，山顶白雪皑皑，自然风光雄伟而又不失秀丽。它对于科学探险考察者、热爱大自然奇异风光的旅游者，具有十分强大的吸引力。大峡谷地区生活着勤劳勇敢的藏族、门巴族、珞巴族同胞。当地居民独特的民族风情加上这世上独一无二的壮丽景色，使这个地区今后有望成为一个新的旅游热点。

中国地理未解之谜

大自然如何造就奇峰怪石

外出旅游的人，常常会见到一些奇峰怪石。这些奇峰怪石或像百岁老翁，或像清丽少女，或像雄鸡高歌，或像黄牛卧地，令游人称赞不已。人们要问，这些奇峰怪石是怎么形成的呢？

黄山有许多山峰，它们形态各异。梦笔峰如巨笔直插苍天，挺拔陡峭；美女峰则像少女亭亭玉立，妩媚动人；芙蓉峰宛如出水芙蓉，娇羞清丽；狮子峰像是卧地雄狮，威势赫然。黄山怪石更是千姿百态。有的如两仙翁捋须举棋对弈，惟妙惟肖，此景叫做"仙人对弈"；有的如一群活蹦乱跳的猴子，有欢呼雀跃的，也有举手遮眼的，此景叫做"猴子观海"。

黄山之所以奇峰林立，首先与黄山花岗岩岩体多节理有关。节理是岩石常见的一种断裂构造，呈相互平行或相互交叉成"X"形。黄山下雨比较多，雨水渗进裂缝之中，遇气温下降到0℃以下，裂缝中的水会结冰，使体积增大，产生很大的力量使岩石断开。这样年复一年，造成岩石中裂缝越来越大，形成错列的形态。另外，黄山的主体为花岗岩。花岗岩的主要矿物是长石、石英和云母。由于不同矿物膨胀系数不同，故花岗岩体随着温度变化而产生各种矿物膨胀和收缩不一致。这样长久以后，花岗岩表层会逐步解体、剥落。若高温曝晒的岩石忽遇雨水淋洗便会产生胀裂，加上由于结冰而造成岩石裂开、流水对低凹处的侵蚀作用、植物根系对岩石的穿透作用等，使黄山表面变化速度大大加快，长年累月之后，逐渐形成了今日奇峰怪石形态万千的景象。

在干旱的荒漠地区，有时我们可以看到一种奇怪的岩石，它的外形很像一个大蘑菇，人们把它叫做蘑菇石。它上部大，基部小，形态很特别。

形成蘑菇石的主要原因是，离地面高度不同，风沙对岩石的磨蚀也不

△ 黄山松

同。在离地面较高处，气流含沙量较少，风沙对岩石的磨蚀比较少，因此岩石的上部形态就比较大。在离地面较近处，气流含沙量较多，对岩石的磨蚀就比较多，因此岩石下部就被磨蚀较多而形成比较小的基部。另外，岩石本身的特点也对形成蘑菇石有一定的影响，若岩石水平成层，并且上部岩石比较硬而下部岩石比较软，则下部岩石比上部岩石更易受到风化和侵蚀，更易于形成这种形似蘑菇的岩石。

在欧洲北部的一些地方，人们发现有一些奇怪的大石头，它们的岩性与当地的岩石完全不同。这些大石头是不是当地自然形成的呢？答案显然是否定的，因为当地没有这种岩性的基岩。那么，它们是不是从别处被搬运来的呢？后来，人们在离这些大石块很远的北部地区，发现了与石块岩性相同的基岩。看来，这些石块是长途跋涉而来的。那么，是什么力量把它们搬运来的呢？流水不可能有这么大的力量。经过对地质时代气候的研究，人们终于破解了其中的奥秘。原来，在冰期，欧洲北部有大面积的冰川覆盖，是力量巨大的冰川把这些大石块运移了过来。随着气温升高，冰川融化，这些大石块就在原地留了下来。

形形色色的奇峰怪石都有自己形成的原因。流水、风力、冰川等这些大自然的力量，无时无刻地对地球表面进行着"雕刻"和"运输"，逐渐形成了今日千姿百态的地表形态。

中国地理未解之谜

本溪"怪坡"之谜

　　本桓公路116公里处有个"怪坡"。据发现"怪坡"的当事人描述，他从桓仁驾车开往本溪方向时看到这一路段是一段下坡路，为了省油就挂上空挡往下滑，没想到汽车在滑行几十米后逐渐停了下来，随后竟然倒退滑向坡上（桓仁方向）。当事人还介绍说，把水泼到路上，水也是向坡上流去

　　得知本桓公路上有段"怪坡"后，许多人抱着一种好奇心赶到现场，想要一睹"庐山真面目"。这里面也包括了桓仁当地的一些部门领导。因为如果真的存在"怪坡"，一方面要加强交通安全管理，另一方面也具有开发价值，可以说桓仁又增加了一个旅游点。

　　媒体的报道同样引起了桓仁满族自治县交通局的重视，他们专门组织技术人员对该路段进行了实地勘测。据技术人员介绍，这一路段实际是从本桓公路115.4公里处到115.7公里处，大约有300米长，他们看到的该路段并不是像媒体报道的那样是一段"下坡路"，不过为了谨慎起见，他们还是在115.5公里处进行测量，测算数据是：115.7公里处和115.4公里处的相对高差为8.922米，由此算出坡度为2.974％，115.7公里处（桓仁方向）低。此后他们又查阅了1998年该路段的施工图，该图记录115.7公里处（桓仁方向）和115.4公里处（本溪方向）的设计相对高差为11.31米，设计路面坡度为3.77％。这也就是说，不论该路段最初的设计还是现在实际测量的数据，都证明了这一路段实际是一段上坡路，汽车和水流都是正常地向坡下运动。

　　据此交通部门给出了关于"怪坡"的说明："汽车滑上坡、水倒流上坡"实际是一部分人的一种视觉误差。据分析，这一视觉误差的产生可能是由于这一区域的本桓公路盘绕在山间，受山体走势的影响，人眼在参照山脊、山坡和公路时产生错觉，把上坡路看成了下坡路。

△ 本溪"怪坡"

自从沈阳"怪坡"发现以来，北京八达岭和浙江丽水的高速公路以及江苏常州、河南登封、黑龙江依兰、福建厦门、广东中山、河北唐山、新疆、甘肃等地不断发现"怪坡"现象，河南汝州更是发现了相距不远的"姊妹怪坡"，而沈阳东陵也再次发现"怪坡"。这些"怪坡"的共同之处就是"违背"万有引力定律：水往高处流。

目前有关"怪坡"的解释大致有3种：1.磁场作用说。有人认为在"怪坡"的"上坡方向"有磁场或引力场，足以吸引车辆或行人"上行"，但这种磁场或引力场并没有被探测到；2.重力位移说。"水往高处流"已经脱离了经典力学的一般规律，但由于某种原因重力场上的某个或某几个点分布异常是完全可能的，不过如果是这种现象，其范围不应该只局限在某一路段上，而应该是一个地区范围；3.视觉误差说。由于"怪坡"特殊的地形、地貌和视觉参照物的不同，造成人眼视觉上的误差。

具体哪种说法更接近真实情况，到目前还是一个谜。

中国地理未解之谜

发光的怪地之谜

在神农架林区老君山脚下有个戴家山，山上有一块十分奇怪的土地，每逢2月、8月晴天的中午，这块地里便会发出一束强烈的白光，很刺眼，人们不敢睁眼。这束光照在对面200多米的山上，比阳光还要明亮。它不定时地流动地发射出来，每次大约2~3分钟时间。当地有一半人都亲眼见过这光束。在这块地上，农民曾经挖出一个奇怪的洞，洞里有一堆鸡蛋形的土蛋，每个土蛋约有3个鸡蛋合起来那么大，砸开土蛋里面全是土。奇怪的是头天挖开洞，过一夜又会神秘地堵塞了。现在山上修了梯田以后，这块地里到时仍然能发出白光来，这个谜有待于科学工作者的努力，才能探明其中的奥秘。

△ 神农架怪地

神奇的"子母"河

新疆北部有一条河,叫"额尔齐斯河",穿行于阿尔泰山区,是我国流入北冰洋的唯一河流。这条河全长3000多千米,大部分在苏联境内,我国境内只有上游一小段,长约500千米。

这条河流神奇之处在于它能促进人畜生育。鸡、鸭、鹅喝了这条河的水以后,能多产蛋。长期不孕的妇女坚持饮用这里的水能够怀孕生育。例如,20世纪60年代初期,新疆可可托海矿区一名炊事员,婚后20年没有孩子,他把妻子接到矿区,不到2年时间,他妻子就一胎生了一男一女,这两口子万分高兴,见人便说,咱们新疆真是个好地方。20世纪50年代初期,可可托海矿区有不少苏联专家,他们在苏联生活时,有好几个人的妻子长期不育,到这里生活几年后,都有了孩子。他们高兴地说:"中国真是一块宝地,不但资源丰富,而且我们多年不育的夫人来到这里就生了孩子。"

在神话小说《西游记》中,曾有过关于"子母河"的描述,没想到在现实生活中还真有如此神奇的地方。

那么,额尔齐斯河中上游的河水为什么如此神奇呢?原来,这条河中上游属于高山严寒地区,雪水是额尔齐斯河的重要水源。雪水中很少含有"重氢"。从医学上讲,重氢对妇女生育有改变作用,所以,常饮高山雪水,有利于妇女生育机能的恢复。

这就是神奇河水的奥秘之处。

鄱阳湖的沉船事件与北纬30°有关吗

中国的鄱阳湖，碧波荡漾，浩瀚万里，水天相连，广阔无垠。它养育了世代安居在这里的湖边人，但是在这里也发生过无数次船翻人亡的事件。

1984年9月，江西省组成探险队深入鄱阳湖的凶险水域——老爷庙水域考察。这支考察探险队由自然、气象、地质专家和有关科研人员组成。他们以严肃的科学研究态度对鄱阳湖"魔鬼三角"水域进行全面的考察和探测。首先，考察队在老爷庙东南、西北、西南"魔鬼三角"水域内，建立了3座气象观测站，来测度老爷庙周围地势、风力等诸多自然环境因素。通过一系列考察、测度和对当地渔民的走访得出了这样的结论：

老爷庙水域内所发生的沉船事故，没有任何先兆，船和船上的人几乎在毫无防备的情况下，突遇狂风恶浪，狂浪扑来时伴有风雨、狂啸和船体的碎裂声。四周漆黑一片，难辨五指。

狂风恶浪持续的时间短，从浓黑的雾气弥漫、巨浪袭击吞噬船只到湖上风平浪静，只有几分钟。

考察队经过多次测算、反复查阅沉船事故记录，发现老爷庙沉船事故多发生于每年春天的三四月，在这个时候，无论白天或夜晚，过往船只常面临被巨浪吞没的危险。另外，出事的当天，往往天气晴朗，晚上繁星点点。而在阴雨天却从未发生沉船事件，这似乎成了谜中之谜。考察队员们百思不得其解。

考察队从当地的大量资料中查阅到艾德华·皮尔的回忆文章。文章除了叙述他于20世纪40年代中期在鄱阳湖"魔鬼三角"打捞日本沉船"神户5号"时所经历的险情外，还特别在文章中强调说："事后，我经过多次测试才明白，'魔鬼三角'处于北纬30°的危险区域，这是个令世界探险家都感到可怕的数字。"

在地球北纬30°附近，有许多神秘而巧合的自然现象引起了人们的注意。

北半球的几条著名大河，如美国的密西西比河、埃及的尼罗河、伊拉克的幼发拉底河、中国的长江等，都在北纬30°入海。地球上最高的珠穆朗玛峰和最深的西太平洋马里亚纳海沟，也在北纬30°附近。

△ 鄱阳湖湿地

在北纬30°附近，山川怪异、奇观绝景比比皆是，举世闻名的钱塘江大潮、安徽的黄山、江西的庐山、四川的峨眉山都是奇异幽深的神秘境界。

北纬30°不仅是飞机经常出事的地方，而且还有很多著名的自然之谜：埃及的金字塔及狮身人面像之谜、死海形成之谜、百慕大三角区之谜、美国圣克鲁斯镇斜立之谜、中国四川自贡大批恐龙灭绝之谜等。

北纬30°，是那么怪异、奇绝，而又令人恐怖。

为什么北纬30°附近会出现这些怪异现象？它们是偶然的巧合还是有某种内在联系？这是个无法猜透的谜。

考察队又对"魔鬼三角"水域底下方圆十几平方公里进行了搜寻，没有发现任何异常。老爷庙水域深一般是30多米，最深处为40米左右。湖底除了各种大大小小的鱼蚌外，未发现任何沉船，甚至连一块船骸都没有发现。那么千百年来在这里沉没的千百万余艘大小船只，都去了哪里？考察队员陷入迷惑之中。

一个个疑团，让我们无法看清鄱阳湖"魔鬼三角"的真正面目。

罗布泊是游移湖吗

罗布泊位于新疆塔里木盆地东部，人们虽经多次考察，但还是没有找到罗布泊的确切位置，于是科学家们对罗布泊是否是游移湖产生争论。

酷热、干旱、风沙、陡崖、盐壳，使得人们不能接近罗布泊，多少年来一直被称为"死亡之路"。历史上曾有许多中外学者试图冲破层层阻碍穿越大沙漠，完成对罗布泊的考察，然而成功的人并不多。就是仅有的几次成功考察，却在罗布泊确切位置上产生了很大的分歧。

最先引起罗布泊是游移湖争论的是俄国探险家H.M.普尔热瓦斯基，他在公元1876年曾到罗布泊考察，发现罗布泊位于塔里木河口的喀拉和顺境内，比我国地图所记的位置还要往南大约有纬度1°之差，而且他所见到的湖泊是一片淡水湖，芦苇丛生的大沼泽地，聚集着成千上万的鸟类。而北罗布泊（即中国地理文献所记载的罗布泊）的水都已干涸，变成盐滩，十分荒凉。

普尔热瓦斯基的观点发表后，在国际地质学界引起了激烈的争论。

德国的李希霍芬持反对意见，他认为普尔热瓦斯基所考察的也许并非是中国清朝地图上的罗布泊，真正的罗布泊还在普氏考察的北部。

以后英国的斯坦因、瑞典的斯文赫丁等先后到罗布泊地区考察，认为争论的双方都没错，而是罗布泊游移到喀拉和顺去了。从此就有了罗布泊是游移湖的说法。斯文赫丁还推测了罗布泊游移的原因，他认为罗布泊游移是由于进入湖中的河水（塔里木河）夹带着大量泥沙，泥沙沉积在湖盆，使湖底抬高，导致湖水往较低的方向移动。过一段时期后，被泥水抬高露出的湖底又遭受风的吹蚀而降低，这时湖水又回到原来的湖盆中。罗布泊像钟摆一样，南北游移不定，而且游移周期可能为1500年。

1923年，被普尔热瓦斯基和斯文赫丁发现的罗布泊突然消失，成为沙漠，鸟儿飞走，芦苇枯死，那些以靠打鱼为生的渔民和居民也离开了用芦苇编成的小屋，迁往其他地方。原来，罗布泊又戏剧性地回到了它以前待过的老地方，即古代地图上所标的位置。

到了1930年和1931年，瑞典、中国勘察队来到中国地图所标的罗布泊，发现那里水面长约188公里，宽50公里，深5米，大约有2000平方公里。1945年，罗布泊水面又扩展为3000平方公里。1959年，中国科学院新疆综合考察队在罗布泊北岸考察时，还见到烟波浩淼、水鸟成群的情景。他们还曾泛舟湖上，甚至抓到了一条大鱼。

但1964年，罗布泊开始干涸。1973年，美国大地卫星对该地区拍照，证实罗布泊已完全干涸。

而我国地质学工作者认为，河流上游的农垦，引水灌溉，造成了罗布泊水源枯竭，而并非是罗布泊游移他处。

1980年，我国的科学考察队又两度穿越罗布泊，对那里的地貌和古水系作了详细的考察，考察队队长夏训诚在考察报告中写道：罗布泊最低处为778米，喀拉和顺最低处为788米，相差10米，水往低处流，不可能发生罗布泊倒流喀拉和顺的现象。塔里木和孔雀河下游入湖口处，河流夹泥沙较少，短时期内不会产生大量泥沙堆积，抬高湖底地形，而使水往较低地方流去。这次考察中我们看到干涸的湖底皆为坚硬的盐壳，用钢锤都很难敲碎，不易产生风的吹蚀作用，而使湖底重新降低。我们还从干涸的罗布泊湖盆中，进行钻探取样，这些样品通过孢粉和年代测定表明，湖底沉积物不同层次都有香蒲、莎草等水生植物孢粉的分布，说明历史时期罗布泊一直是有水停积的，湖水从未离开罗布泊。根据碳14年代测定结果，湖底沉积物1.5米深处，为3600年左右的沉积。说明3600年以来，湖泊的沉积作用一直在进行着，而不像斯文赫丁推测1500年左右就会形成10米以上的沉积物。通过实地考察测量和运用现代航测资料认定，罗布泊是游移湖的提法不符合实际情况，罗布泊水体从未发生倒流入喀拉和顺的现象。

由此看来，罗布泊是否曾经是游移湖又成了一个不解之谜。

中国地理未解之谜

蛇岛为何只有蝮蛇

在我国辽宁省旅顺西北的渤海中距老铁山角约30公里处，有一个面积约1平方公里（长约1.5公里、宽约0.7公里），由石英岩、石英砂岩等组成的岛屿。这里地势险峻，从西北向东南方向倾斜，海拔215.5米，有很多海蚀洞穴和灌木丛草。由于在这个岛上有许许多多的蝮蛇，因而人们把它称为蛇岛，也称小龙岛。

蛇岛以蝮蛇的数量众多而驰名中外。当踏上蛇岛，你就会发现，无论在树干上或草丛中，也不论在岩洞里或石缝内，处处都有蛇。它们有的盘踞在那里，有的正在爬行，还有的张口吐舌，好像要吃人似的，露出一副凶相。这些蛇会利用各种保护色来保护自己，当它们倒挂在树干时就像枯枝，趴在岩石上时又好像岩石的裂纹，蜷伏在草丛间时活像一堆牛粪。

这种蝮蛇别称"草上飞"、"土公蛇"，是爬行纲蝮蛇科的一种毒蛇，长60～70厘米，大的可达94厘米。头呈三角形，脖颈细；背上是灰褐色，两侧各有一处黑褐色圆斑；腹部为灰褐色，上面有黑白斑点。多生活在平原较低的山区，以鼠、鸟、蛙、蜥蜴等为食。我国除云南、广东、广西沿海未发现外，其他各地也都有少数的蝮蛇，而唯独蛇岛数目极大。目前据统计，蛇岛上的蝮蛇有14000多条，并且每年增加1000多左右，人们不禁要问，在这小小的孤岛上为什么栖息着这么多的蝮蛇，为什么它们的种类只有一种呢？

我国科学工作者经过考察研究后认为，蛇岛特殊的地理位置为蝮蛇的生存和繁殖创造了良好的环境。

蛇岛面积虽小，但和台湾岛、海南岛等岛屿的形成基本一样，都是第四纪时从大陆分离出去的"大陆岛"。在地质构造、岩石性质、植物种类等方面，蛇岛和旅顺、大连地区的情况都差不多。岛上的石英岩、石英砂岩和沙砾岩中，有许多大大小小的裂缝，这些裂缝既能积蓄雨水，又为蝮蛇提供了良好的住所。

其次，蛇岛位于暖温带海洋中，气候温和湿润，是东北最暖和的地方，对植物生长的昆虫、鸟类繁殖极为有利。更重要的是该岛处于候鸟南北迁徙的路线上，同山东荣城、江苏盐城、上海崇明岛等候鸟栖息地连成一线。每当春秋两季，过往的候鸟有几百万只，树木茂密的蛇岛便是它们"歇脚"的好地方。由于蝮蛇有一套守株"逮鸟"的本领，它鼻孔两侧的颊窝是灵敏度极高的热测位器，能测出0.001℃的温差，因此只要鸟停留在距离蝮蛇1米左右的枝头，它们就一定能准确无误地把它逮住，成为一顿美餐。"植物——昆虫——鸟雀——蝮蛇"，构成了蛇岛的生物链。

另外，岛上土壤相当深厚，土质结构疏松，水分适中，宜于植物生长和蝮蛇"打洞"安居。蝮蛇天生怕冷，洞穴为它们提供了过冬的条件。同时，岛上人迹罕至，也没有刺猬等蛇类的"天敌"，对蝮蛇的生存很有利。蝮蛇是一种卵胎生的爬行动物，繁殖能力较强，母蛇每次可产十多条小蛇。在生的多、死的少的情况下，蝮蛇的数目日益增加。

如果说上述分析何以解释蛇岛为什么有这么多蛇的话，那么这些蛇竟是清一色的蝮蛇该作何解释呢？

有人认为，蛇岛的面积很小，可供蛇类吞食的东西有限，捕食鸟类也并不容易，往往还会遭到老鹰的袭击，对于那些食性狭窄、自卫能力又很弱的一般蛇类来说，难以在岛上生存，而蝮蛇的食性相当广，猎食和自卫能力也很强，在长期的自然演化中，蛇岛上只留下单一的蝮蛇。

但也有人提出这样的问题来反驳，蛇岛周围海域共有5个小岛，地理环境和气候条件又差不多，为何其他4个岛上没有蝮蛇，而只有蛇岛上有这么多的蝮蛇呢？看来，这个谜还有待于科学工作者进一步探寻。

不可思议的武当金殿

举世闻名的武当山宏伟、壮观，而位于其主峰——天柱峰上的金殿更是让人赞不绝口。

天柱峰上，金殿在日光下显得更加辉煌壮丽，光彩夺目，所以人们就把天柱峰顶称作"金顶"。

金殿内供奉着真武大帝神像，两旁立着金童玉女、水火二将。在金殿内，从重达几千公斤的真武大帝神像到神像前面的油灯，所有的道家陈设，都是用铜铸成的。

金殿作为中国最大的铜建筑群，耸立在山势险峻的天柱峰顶，这本身就显示出它的神奇。

金殿的神奇，不仅在于它的建筑难度，还由于在它建成后的500多年里，金殿中出现了一些令人费解的现象。

其一是"神灯"。金殿内有一盏常明油灯，已经不间断地点燃500多年了，从来没有熄灭过，峰顶的风沙似乎对它没有任何影响。即使是殿门大开，山风狂起，"神灯"仍然会安然无恙地在那里燃烧着。

现代的学者们曾经用科学道理解释了"神灯"现象。他们认为：殿内空气不能对流，"神灯"也就不受外界气候的影响。这种说法细致分析起来，似乎不那么可信。

其二是"祖师出汗"和"海马吐雾"现象。这是指每当大雨即将来临时，殿内神像上就出现许多水珠，就像是人汗流浃背的样子，而金殿顶上的脊饰物海马口中就"吐出"串串白雾，还喂喂有声，就像真马对天嘶鸣。

科学工作者对这一现象也作了与前面基本相似的解释：殿内密不通风，空气中水蒸气增多，所以当大气压突变时，神像上就出现水蒸气。而海马内

△ 武当金殿

部是空的,并且与殿内相通,殿内的湿热空气上升,然后从"海马"口中吐出,并发出声响。这一解释同样存在着漏洞:为何只是祖师神像出汗?而海马与殿内相通和殿内密不透风不矛盾吗?所以,这种神奇的现象还是个待解之谜。

每当大雷雨来临时,金殿四周便出现盆大的火球来回滚动,虽然电闪雷鸣,震天动地,却丝毫无损于金殿。而且雨过天晴后,人们便会发现,金殿的污垢都没有了,显得更加辉煌。这就是金殿的又一奇观——"雷火烧殿"。

新中国成立后,政府为使金殿避免受雷击,又在金顶上安装了避雷针,谁曾想到,金殿反倒一改几百年不惧雷火的风貌,几遭雷击,殿内的须弥座也多次被损坏。"雷火烧殿"现象也从此没有再现。

金殿的精湛技艺令人赞叹不已,同时也希望能早日揭开这一个个让人迷惑不解的谜。

中国地理未解之谜

越旱越涨的印天池之谜

广西扶绥县与上思县交界的群山峻岭中，有一座海拔500多米的山峰，印天池就位于这个山峰上边，它是一个似火山口的圆形水潭。

印天池不太大，水面面积只有10亩左右，池边水十分清澈，池中水色深蓝，深不见底。

印天池与其他水池不同的是，每当雨季到来时，池里水位就下降，雨量越多，水位下降就越低。而当旱季来到时，池里水位就往上涨，天越旱，水位上涨越高，甚至溢出池口。这真称得上是一个怪池，但为什么会出现这种现象原因谁也不知道。

△ 印天池

青海"魔鬼谷"之谜

"魔鬼谷"位于中国西北部青海省的一个山区,它长约100公里,宽约30公里,谷地平均海拔约3200米。这个谷地南有昆仑山,北有阿尔金山,两山夹峙,雨量充沛,气候湿润,虽然地处内陆,但林木繁茂,牧草秀美。然而这个看似理想的天然优良牧场,一遇天气变化,便会变成阴森恐怖的地狱,平地生风,电闪雷鸣。尤其是滚滚炸雷,震得山摇地动,成片的树林被烧得身焦枝残。附近以游牧为生的少数民族千百年来均将此谷视为禁地。偶然有误入其中者,往往遭雷击而绝少生还。

为了揭开"魔鬼谷"的奥秘。青海省地质科学工作者多次冒着生命危险对这一谷地进行实地科学探查,终

△ 青海魔鬼谷

于获得了重大突破。地质勘察证实,这一谷地地层中,除有大面积三叠纪火山喷发的强磁性玄武岩体外,还伴生分布有30多个铁矿及石英闪长岩体,正是由于这里的地下岩体和铁矿带所形成的强大磁场的电磁效应,引来了雷电云层中的电荷,因而产生了空气放电,形成炸雷。

"魔鬼谷"的奥秘虽然已被揭开,但人们仍对它依然充满了好奇之心。

神秘的中国奇泉

在河北省涞水县（有称易县）境内的野三坡风景区，据称每年谷雨前后，这里的山泉会喷出大量的鲜鱼。每尾鱼约重六七两，黑脊白肚，肉味鲜美，鱼骨坚硬，当地人称之为"石口鱼"。

在湖南省慈利县伏龙山腰，有眼奇怪的山泉——感声泉，它隐没在一个石灰岩洞中。每到雨季，尽管四周山水如注，这口泉却滴水不出。而当雷声轰鸣时，清澈的泉水便哗哗外流；雷声一息，又滴水不流。夏旱季节，伏龙山上干得冒火，方圆数里之内河干地裂，而这口山泉附近却冷风习习。只要有人在洞口叫喊一声，便有清澈的泉水奔涌而出。有几人如果在泉边小憩，无意中爽朗地大笑，泉水在突然间就能溢流。

安徽省寿县也有这么一眼怪泉，人站在泉边对泉喊叫，立刻便有泉水涌出。大喊泉水大涌，小喊泉水细涌，不喊则不涌。

在云贵高原深处的贵州省黔西南布依族苗族自治州，新近发现了一眼神奇的太阳泉。它的奇妙之处在于它既不是一年四季长流不断的泉水，也不是间歇泉，它泉涌的时间是由太阳光决定的。

在贵州省安平县城西还有一个怪异的珍珠泉。当人们来到泉边大声喧哗或鼓掌时，泉水就进出大量的气泡往上冒，形如串串珍珠，声音停止后，气泡就随之消失。贵州平坝也有个"珍珠泉"，游人对泉水鼓掌，泉水就冒出气泡。在左边鼓掌，左边的泉水冒泡；在右边鼓掌，右边亦然，好似在欢迎客人，因而也叫"喜客泉"。据地质学家解释，这是由"声震"造成的现象，与复杂的地质结构有关。

自然界中这么多神奇的泉，对人类来说，它们的成因许多至今仍是个谜。

撒哈拉大沙漠"绿洲"的奥秘

经过人们艰苦的探索，终于证明了撒哈拉大沙漠地区远在公元前6000年至公元前3000年的远古时期，还真的是一片绿色的平原。

19世纪中叶，德国探险家巴尔斯在撒哈拉大沙漠，发现了水牛的岩画。他由此而猜测出撒哈拉沙漠远古时代是个绿洲。

△ 撒哈拉大沙漠绿洲

1956年的时候，法国一个州亨利·诺特的科学家曾经带领着一支法国考察队来到撒哈拉大沙漠，在阿尔及利亚的阿哈加山脉和恩阿哲尔高原地区进行考察。正当他们因缺水而放弃本次考察计划时，却意外地发现了一些古代的山洞。亨利·诺特和队员们立即动手发掘了起来。结果，他们除了找到了一些古代山洞，还找到了一条隧道。在那些山洞和隧道里，他们找到了大约三万件壁画作品。这些壁画作品色彩丰富，图案式样众多，具有极高的科学研究价值。

亨利·诺特和队员们从撒哈拉大沙漠回到法国的巴黎以后，立刻对那些壁画的照片和拓片进行了仔细的研究。最后，他们认为，这些壁画生动地反映了撒哈拉地区有绿洲时代的社会风貌。

对于撒哈拉绿洲结束时间以及沙漠开始时间，一直到现在也没有人能够完全说清楚，成了一个难以解开的谜团。

中国地理未解之谜

黑竹沟之谜

  黑竹沟，位于四川省西南部峨边彝族自治县小凉山地区，面积约185平方公里。它背倚海拔4288米的马鞍山，北邻大渡河峡谷。黑竹沟曾发生多起人畜入沟神秘失踪的事件。民谚云："黑竹沟、黑竹沟，十人提起十人愁。猎犬入内无踪影，壮士一去不回头。"由于它神奇般的与"百慕大三角"处于同一纬度，又被称为"中国的百慕大"。

  据当地年长彝胞介绍，1950年初，国民党胡宗南残部半个连三十余人，节节败退至此，仗着武器装备精良，逃进黑竹沟，被解放军围堵在各出口，这些国民党士兵入沟后有去无回，全部葬身其中。

  此后不久，一位美国银行家租乘的一架私人飞机在黑竹沟一带坠毁，当地彝族同胞曾经找到过飞机残骸。据分析，那飞机似乎是被一种巨大而神奇的磁力所吸引，机上仪器失灵致毁。

  1955年6月，解放军测绘兵某部的两名战士取道黑竹沟运粮，结果神秘地失踪了。部队出动两个排搜索寻找，结果一无所获。

  1963年3月，当地猎人阿罗瓦尔等人进黑竹沟打猎时救起一名昏迷在地的解放军战士。事后得知，这是一个解放军测绘小组，共7人，除守旗者未入沟内腹地昏迷外，其余深入腹地的人，1人死2人失踪3人重伤。

  1976年7月，四川省林业厅二大队来到黑竹沟勘测，第一天进沟，便被洪水冲走一人，致使勘测中止。

  1977年7月，四川省林业厅一大队也来到黑竹沟勘测。第二天，两名技术员前往石门关打探，可到了深夜依然不见他俩回归的踪影。百余人踏遍青山，找遍幽谷，没有发现任何蛛丝马迹。上述多起人畜失踪案，为黑竹沟罩上了恐怖骇人的色彩，也留下了不解之谜。

△ 神秘的黑竹沟

近些年来，人们为探知神秘诡谲的黑竹沟，发起了多起的探险考察，但大多在涉险后无功而返。

1991年6月，川南林业局设计队一行二十余人进沟，有17人迷于深沟，遇山洪暴发，被困在齐腰深水中，解困后迅速撤离。

1993年9月，3名日本探险队员未通知我方，带着帐篷、仪器等进沟探险，未及腹地，一人摔伤，中途撤回。

1994年春季，峨边黑竹沟科学探险考察队历时一年先后六次进入黑竹沟，欲探石门关之险，但都未能如愿。

石门关位于黑竹沟三岔河中上部海拔2700米处。黑竹沟的雾多，而这一带的雾更多一年四季雾气蒸腾，几乎天天有雾。这雾时远时近，淡时轻薄如纱，浓则遮天蔽日，阴森森，惨淡淡，在密密匝匝的"植物墙"中飘荡，其间潜布着溶洞暗坑。临近石门关，但见两块巨石似天外飞来，横亘于峡谷之中，巨石中间呈凹型，岩石上几条溪流汇合后喷涌而下，形成瀑布飞流直下,落在旋涡翻卷的深潭中。

民谚云:"石门关,石门关,迷雾暗河伴深潭;獐猴至此难攀援,英雄难过石门关。"当地彝族同胞将石门关内视为神仙居住的地方,从无人进去过。前面提到的1986年那次探险,调查队到了石门关后,彝族向导不肯前行,经劝说,猎手同意先放猎狗进去,两条猎狗先后入内,结果一去不复返。猎手急了,不得不违背沟中不能"打啊啊"(高声吆喝)的祖训,大声呼唤他们的爱犬。顿时,遮天盖地的茫茫大雾不知从何处神话般地涌出,一行人尽管近在咫尺,却彼此无法看见。惊异和恐惧使他们冷汗淋漓,大气不敢出。大约五六分钟后,浓雾又奇迹般消退了。

峨边科考队几次未能进入石门关,留下了遗憾。但根据已掌握的情况可以推测:大雾弥漫的石门关一带有瘴气存在,因而人畜进去后才有去无回。为了进一步验证这个推论,峨边科考队已将探明石门关奥秘列为今后的考察重点。此外,科考队认为,就在石门关这个区域附近有可能存在着巨大的磁场,强大的磁力会使指南针失灵,导致飞越上空的飞机仪器失灵,酿成坠机事件。对于这一推测,科考队还将进行更大范围、更深入地考察。

科考队在这次探险中还攀登到黑竹沟的顶峰——马鞍山。队员们站在这由南向北海拔4150米的山脊地段望去,但见山脊的东西两侧地势陡峭,两侧气流在此交汇。放眼西望,这一侧的凉山州甘洛县境内艳阳高照,悠悠白云向东而来;举目东眺,这一侧的黑竹沟内却是浓雾漫卷、云海翻腾。尤为奇怪的是,当黑竹沟内的云海一靠近山脊,便似有一道无形的高墙挡住去路,始终不能越过山脊西去,而只能在山脊东侧上下翻卷,一条山脊竟如屏障将随风飘动的云雾隔开,将蓝色的天空沿南北方向划成西明东暗的两大部分,阴阳界限分明,实为天下奇观。此处因而被称为"阴阳界"。

转到马鞍山主峰东侧,队员们见到一座海拔约3990多米的古冰川地貌的山峰,这峰上部呈三菱形,天然一个金字头,山峰的北、西、南侧均是约40度的陡壁,东面是约80度的绝壁,整个山体酷似埃及的古金字塔。这座"金字塔"的周围是广达万亩的高山野杜鹃林,四五米高的杜鹃树,有的伏地而生,如藤蔓;有的曲干盘枝似盆景。更为奇特的是,经勘测这座"金字塔"

山体,恰恰又与埃及金字塔处在同一纬度上。

世间的各种巧合总是那么神奇。

历时一年多的数次考察,科考队取得了大量第一手材料。参加考察的专家学者们确认,黑竹沟这个令人生畏的沉寂世界,是一个保存极完整的原始生态群落。初步估计这片原始森林内有种子植物两千种左右,其中国家一级保护植物珙桐、二级保护植物光叶桐、木瓜红,三级保护植物青檀等珍稀濒危植物多达18种。森林内有多种名贵花卉,仅世界名花杜鹃花的品种就达30种。初步统计,黑竹沟区域的兽类在40种以上,鸟类在200种以上,这个人迹罕至的山谷成为珍稀濒危动物的天然避难所。其中国家一级保护动物有大熊猫、羚羊、豹等6种,二级保护动物有短尾猴、猕猴、黑熊、黄喉貂等22种。黑竹沟区域还有多处湖泊、冰川。

黑竹沟内动物、植物、水文等资源的科研价值不可估量。

更诱人的是黑竹沟的旅游价值。科考队提出,在一步步探明这里的奥秘后,因地制宜、因势利导作必要的清整、修建,除腐清瘴,化"弊"为"利",充分利用这里的峡谷冰川、峰丛石林、原林草甸、古木奇花、珍稀动物、高山海子、云雾雨雪诸多景观,开发独具特色的旅游资源。

我们相信黑竹沟一定会摆脱恐怖的阴影,以其天造地设的神秘,将险、奇、雄、秀等原始美展现在世人面前。

中国地理未解之谜

喜马拉雅山的形成之谜

雄伟的喜马拉雅山高耸在欧亚大陆上,被称为"世界屋脊"的珠穆朗玛峰,就属于这一山系。那么,喜马拉雅山是如何形成的呢?经过长时间的研究,地球科学家现在大体上可以讲出它的故事。

△ 喜马拉雅山

盘古大陆的形成和分裂。在5亿年前,地球表面已经存在某些大陆块体,它们在海洋中漂移,后来才逐渐聚合在一起。大约在4.2亿年或3.8亿年前,现北美洲和欧洲发生碰撞,并结合在一起成为劳亚大陆。其间,现在的非洲、印度、澳洲、南美洲和南极洲也相互发生碰撞,并且结合在一起,成为冈瓦那大陆。大约在3.6亿年或2.7亿年前,劳亚大陆和冈瓦那大陆又互相碰撞,并且结合在一起,成为盘古大陆。在2亿年前,盘古大陆开始分裂。有人认为,在漫长的地球历史中,像大陆这样合而分、分而合的过程,也许曾经多次出现,每次拼合和分离的时间大约5亿年。

东亚大陆块的形成。一个大陆可能由多个块体组成。中国的华北块体、华南块体、塔里木块体都是古生代以前的古老块体。在2.5亿年前,它们已经互相碰撞并结合成东亚大陆。在块体之间由碰撞产生褶皱。之后,青藏高原的羌塘块体和拉萨块体,相继和东亚块体碰撞联在一起。直到0.5亿年前,印度次大陆才和东亚大陆碰撞。

印度次大陆的漂移。印度次大陆原先是冈瓦纳大陆的北缘，后来向北漂移和欧亚大陆结合。在0.8亿年前，印度尚未与欧亚大陆结合，漂移速率为每年10cm；在0.5亿年前，印度已与欧亚大陆结合，漂移速率下降为每年4.5cm。印度板块向北漂移，与欧亚板块碰撞，不仅推动欧亚板块一同向北移动，而且俯冲到欧亚板块下方，使印度板块的大量物质聚存在欧亚板块的地壳和上地幔处，产生了全球最高的喜马拉雅山和大陆中最大的青藏高原。

喜马拉雅山脉最终形成。喜马拉雅山脉是印度次大陆与欧亚大陆碰撞形成的。它的形成过程尚有争论。这里提出一种多次隆起的解释，并开列一个形成过程的时间表：5000万年前，当印度板块向欧亚大陆前进时，在西藏雅鲁藏布江的缝合处，印度板块向欧亚板块的下方俯冲，出现第一个俯冲带；3500万年前，印度板块继续推进，当印度板块与欧亚板块接触时，印度板块的岩石层发生分裂，地壳仍在雅鲁藏布江缝合带处向下俯冲。由于冲击的力量，印度板块的地壳物质受到挤压，堆积在缝合带附近，形成山脉，奠定喜马拉雅山脉的基础；2100万年前，当印度板块在缝合带处俯冲的深度达到100km时，由于欧亚板块上地幔的浮力太大，该俯冲被迫停止。但印度板块仍向北迁移，并出现第二个俯冲带。由于这个俯冲带的作用，使它上方的地壳隆起，基本形成世界最高的喜马拉雅山；1100万年前，由于同样的原因，欧亚板块上地幔的浮力，使印度板块的俯冲带又被迫停止。印度板块继续北上，出现第三个俯冲带，再一次使喜马拉雅山隆起。根据这种解释，喜马拉雅山脉的隆起不止出现一次，而是多次；并且喜马拉雅山脉的物质成分，主要是印度次大陆地壳，而不是欧亚大陆上地幔的物质。

以上是喜马拉雅山脉形成的一个大致的过程。其实，这里面还有很多问题不清楚，有待将来进一步的研究。

中国地理未解之谜

新疆那棱格勒魔鬼谷之谜

在我国广袤的土地上,有一条美丽的山谷——那棱格勒峡谷,它位于青藏高原的昆仑山区,东起青海布伦台,西至沙山,全长105公里,宽约33公里,海拔3200～4000米。峡谷属第三纪末地壳变动形成的封闭型山间盆地,谷地南有昆仑山直插云霄,北有祁连雪山阻挡着北国的寒风,整个谷地处在那棱格勒河的中上游地带。峡谷周围分布着由紫红岩、砂岩等组成的中高山带屏障,冰雪皑皑的山峦巍峨壮丽,湖泊河沼微波涟漪。夏季谷内水草丰美、鸟语花香,景色十分秀丽、壮观。

然而出人意料的是,如此美丽的山谷竟以神秘与恐怖著称于探险界,它是继苏联的"死亡山谷"、美国的"人类死亡谷"、意大利的"动物死谷"以及印尼爪哇岛的"死亡洞"后的世界第五大死亡山谷。当地牧民称其为"魔鬼谷",起因于祖辈一直流传着对那棱格勒的种种传说,说这是个魔鬼出没的地方,人或畜只要走进去就再也出不来。还有人说,谷里有一种巨兽,常年成群在此聚集,专食人及各种禽兽。种种传说让人谈"谷"色变。

如果仅仅是传说,那棱格勒山谷还不至于在探险界如此赫赫有名。实际上,这条山谷确实有许多难解的自然之谜。有的牧民或牲畜因迷路误入山谷,不是暴尸荒野,就是神秘失踪,当地有些年轻人不信邪,大胆地闯了进去,结果大多一去不复返。据久居此地的牧民介绍,每到夏秋季节,这里就变得神秘莫测,令人恐惧起来,刚才还是风和日丽的艳阳天,眨眼工夫便狂风骤起,顷刻间,"魔鬼谷"就会黑云密布,雷声滚滚震耳欲聋。接着,大雨像山洪暴发般倾泻而下。暴雨过后,一种奇怪的现象发生了:山坡上和沟谷里到处是羚羊、野驴、野牦牛和许多飞禽的尸体,尸体旁还伴有一些黄色的枯草和焦土,似乎是一种无形的大火烤焦了这一切,场面惨不忍睹。这种

△ 那棱格勒峡谷

奇怪的现象并非偶然，几乎每次暴雨过后，这种悲剧都会重演。所以，尽管"魔鬼谷"里土地肥沃，水草丰美，多年来当地牧民从不敢到此放牧，有时宁肯让羊饿着，也绝对不让它们跑进谷里吃草。

探险队刚刚踏进魔鬼谷的时候，以前指南针一直正常指着南北方向的指针，突然开始剧烈地抖动着、摇摆着。探险队立即从这神秘的峡谷中退了出来，指南针的指针也旋即恢复了正常的指向，探险队员们因此都有些毛骨悚然。因为探险队员们在下山谷之前就遇见了令人费解的怪事。那是在5000米以上的高度进行无线电通信时发生的反常现象——与附近通信基地的联络只能在阴天时进行，天气晴朗时反而丝毫联系不上。

多少年来，神秘的魔鬼谷一直被几个谜团笼罩着：山谷为什么让指南针失灵、通信受阻；如此美丽的草场为什么成了畜群的坟场，为什么有些人和动物在谷内神秘失踪，找不到尸体等。

1998年5月，新疆地质局区域地质调查三队组织了一次大面积多学科的考察，终于揭开了魔鬼谷神秘的面纱。

经考察队测定，这里的地层除有大面积的三叠纪火山喷发的强磁性玄武岩外，还有大大小小30多个磁铁矿脉及石英闪长岩体，正是这些岩体和磁铁矿产生了强大的地磁异常带。特殊的地质构造导致这里磁场强度非常高，其最高峰值达1000～3000伽玛，巨大的磁力致使指南针失灵，仪器不准。

有人说，该峡谷是一个雷击区，夏季，潮湿的空气受昆仑山山脊的阻挡，常沿山脉向谷中汇集，使受昆仑山阻挡而沿山谷东西分布的雷、雨、云中的电荷常在这里汇集，形成超强磁场，遇到异物便会发生尖端放电即"雷击"现象，因而牧场上的人和畜群就成了雷电轰击的目标，造成瞬间死亡。

考察还探明了另一奇异现象的成因，即为什么有时寻找不到死去的人和动物的尸体，它们在哪里呢？原来，这里是我国多年冻土层分布区之一。冻土层的厚度高达数百米，形成一个巨大的地下固体冰库。当夏日来临时，将地表的上层冻土融化，便形成地下潜水和暗河。只因地表常为嫩绿青草所掩盖，人们不容易发现。当人畜一旦误入，一旦草丛下的地面塌陷，地下暗河就会很快把人畜拉入无底深渊，甚至使其随水漂流到远方，以致连尸首都无法找到。

那棱格勒魔鬼谷雷暴发生得非常频繁，夏季雷暴日多达50多天，是昆仑山中其他地区的6倍。每当雷电风雨交加的时候，雷电既杀害了在谷地贪婪啃吃牧草的野牦牛等牲畜，也给谷地的土壤带来了丰富的天然化肥。人所共知，空气中的氮是一种惰性气体。在常温下，它不易与氧结合，可是当碰上雷电等高温条件，它就与氧气化合成二氧化氮天然优质化肥。

雷电使谷地的牧草茂盛无比，吸引着牲畜来此就餐，继而又亲手杀死了它们。大自然的神秘造化首尾相伴，生生不息，循环着人们有时难以理解的平衡。

 奇洞大观

洞穴是地球自然景观的一个重要组成部分。世界上有形形色色的洞穴，它们有的深，有的险，有的奇，有的怪，有的幽，但都构成了一种奇特的地下风景。

溶洞是地球上洞穴中数量最多的，也是最神奇的一种。我国的岩溶地貌总面积约130万平方千米，面积之大为世界之最。特别是我国西南地区，地处亚热带，气候湿润温暖，塑造出许多奇特的溶洞。

湖南武陵源有个黄龙洞，长十多千米，总面积20万平方米。洞内有一座水库、两条暗河、三挂瀑布、四汪深潭、10个大厅、96条长廊、上千个白玉池。洞内布满了千姿百态的石鞭、石幔、石瀑、石川、石藤、石花等。洞内还有70米长的石梯，沿着这个石梯拾级而上，进入"龙宫"。它高达71米，占地16000平方米，相当于三个足球场那么大。里面还有1700多根石柱，它们五彩缤纷，色泽艳丽。在洞的一端，还有一个壮观的"龙王宝座"，它高12米，径围31米，外观呈金黄色，像是用黄金打造的一般。在龙宫的另一端，矗立着一根27米高洁白如玉的"定海神针"。

此外，浙江湖州也有一个黄龙洞，它有一个由10个小溶洞互相贯通形成的"迷宫"，里面有不少倒挂的悬石，一经敲击，便会发出各种美妙的声音，如鼓、如琴、如锣……这个洞也因此被誉为天然音乐厅。

湖北利川新发现了一个腾龙洞，堪称世界最大的溶洞。它长8.5千米，洞口高、宽分别为60米、170米。这个溶洞里有一个大厅、两座小山（高分别为100米和200米），洞内可容纳高21层的大厦，摆下30个足球场。

在发现腾龙洞之前号称世界最大洞穴的，是美国新墨西哥州卡尔斯巴德岩洞群中的大屋洞。它长550米，高25～77米，面积56万平方米。在卡尔斯巴

△ 卡尔斯巴德岩洞

德岩洞群中，还有一个蝙蝠洞，长1000米，栖居着约800万只蝙蝠。每天傍晚时分，它们从洞穴中呼啸飞出，在天空中形成一条长几千米的黑色"长蛇阵"。到第二天清晨，蝙蝠又陆续飞返洞中。那种场面真是惊心动魄，堪称世界一大奇观。

世界上最深的山洞是阿尔卑斯山中的让—贝尔纳洞。它深入地表超过1500米。洞的结构很复杂，洞穴通道经过的地方有好几处积水的水坑，人们叫它"水帘洞"。1982年，法国里昂的一个洞穴专家小组的潜水员，先后经过三个"水帘洞"，下到这个洞的1490米深处，第四个水帘洞因太窄而无法通过。

南斯拉夫的波斯托依那岩洞，是世界著名的石灰岩洞，岩洞里布满了形状各异的石柱、石笋和钟乳石。有些钟乳石，只要用手指弹击，就会发出清脆的"琴音"。如果在一些"大厅"中敲击，效果会更加美妙。有一个"音乐大厅"的拱门高达80米，有很多洞穴、地道和回廊与它相通。那里的石柱，只要敲击一下，顶上就发出回响，接着是一连串的回声响彻大厅，并沿着各个洞穴、地道和回廊向四外辐射，形成一个天然的音响系统。

自古以来，这些奇异的洞穴一直对人类有着极大的吸引力。早在石器时代，山洞不只是住屋，而且也是祭祀和安葬的场所。从洞穴中挖出的陪葬品、用具、遗骨和给人印象特别深的壁画，都能证明了这一点。那么，这些洞穴是如何形成的呢？

世界上大部分洞穴都是在几百万年前在海底形成的大量的石灰岩沉积物中产生的。这些沉积物是无数动植物的遗骸。在远古时代，由于海洋的水温高于陆地，许多动植物纷纷迁往海洋中生活。但是由于海水中含有碳化物，这些动植物吸收后都死了，尸体沉到了海底，天长日久便形成了一层层厚厚的透气又透水的石灰岩层。

后来，许多这样的沉积物形成的石灰岩露出水面，便形成了山脉。而在地表下由积聚起来的水溶蚀部分石灰岩形成了一个个洞穴。

水不断地浸入这种地方，但不像从前那样有规则，所以使洞穴形成了各种各样的形状，有的像潺潺小溪，有的像一条走廊。要是这种洞穴顶部石头上有细小的裂缝，水会一滴一滴地渗进去。在洞穴里的空气的作用下，水滴放出二氧化碳，使石灰岩裂化。水溶解裂化了的石灰岩并予以吸收，于是在水不断下滴的地方形成了钟乳石。从顶部垂下来的叫钟乳石，从地下往上长的叫石笋。有时，上下的钟乳石连接起来，就形成了粗大的石柱。有些钟乳石很奇怪，向四面八方生长，好像在嘲弄重力法则。

嶂石岩回音壁形成之谜

　　嶂石岩自古以来被称为是"一方绝胜"，它位于我国河北省赞皇县境内，距省会石家庄市100公里，是河北省重点风景名胜区。近年在风景区中部一处箱状峡谷中发现一个世界上最大的天然回音壁——嶂石岩回音壁。

　　嶂石岩属于太行山脉，在南北走向的太行山顶部由红色岩层形成一道山脊。它断断续续地绵延有百余公里，但在赞皇县的嶂石岩最为典型、壮观。红色岩层的山体海拔高度为1700～1800米，相对高度也有800米。山的上半部坡度稍缓，覆盖着郁郁葱葱的乔、灌木丛林。裸露的红色岩层，分为台阶式的三层，称为"三栈"，每栈厚度约在百米以上，总共厚度约400米左右。其立面，坡度较陡，犹如刀削成直立的石壁，寸草不生，色泽通红；其平面，宽度不大，坡缓内倾，上有草木，翠绿欲滴。其中最令人感兴趣的是在纸糊套北有一山崖，即为天然回音壁：直上直下，有百米之高，形似圆弧，弧度有250度，周长有300米。从航测图片上可以清楚地看出，它口小腹大，坐西朝东，呈半封闭的几何圆桶形，颇似一口深井的纵切面。回音壁周围有绵延几十公里的红色悬崖峭壁，层峦叠嶂，雄伟壮观，像一座错落有致的巨大红墙。由于圆弧近于5/7圆周，形成十分良好的回音效果，游人在一端发声，或呼唤，或吟咏，或鸣掌，或敲击，随即从另一端传回酷似原声的回音。经有关专家测定，从回音壁任何一个方向说话，都可以听到清晰的回声。

　　说起回音壁，很多人都知道，在北京天坛有一个叫皇穹宇的回音壁，它是利用声学折射原理人工建筑的一大创举，它直径为65米，圆周长大约204米、墙高6米。而嶂石岩回音壁，直径却约有130多米，如果成为圆形，圆周长则会有400余米，壁高上百米，是天坛的20倍！像这样如此大型、规整的天然回音壁在国内是首次发现，在世界上实属罕见，许多来到嶂石岩的人都不

△ 嶂石岩

禁会问：大自然的鬼斧神工是如何造就出这样的天下奇观呢？

　　嶂石岩回音壁的奇特，吸引着许多专家、学者多次来到这里进行考察。他们饶有兴趣地对这里的一山一石进行详细研究，在这些我们常人看来充满未解之谜的山石之中，认真地寻找着沧桑巨变的自然印记，探索着地球历史的万古悬谜。

　　有专家认为，嶂石岩是一个滨海相的砂岩沉积环境，其中这里又有几个大的不同气候期。像白色的形成于气候比较冷、比较湿一些的环境；红色的形成于气候比较热、比较干的沉积环境。从这些波痕可以恢复出来当时海流的方向和海水进大陆的方向。从那些波纹的坡度可以看出这边是海洋，那边是陆地。和风成沙丘一样，迎风的地方坡度缓，背风的地方坡度陡。那个时候没有任何生物，不仅没有动物，没有植物，甚至连小爬虫类都没有，所以波痕在这里保存得很完好。在科学家眼中，山石草木仿佛写满文字的书籍，忠实地记载着古老年代的历史变迁。

经过反复研究考察，埋藏在地层中的难解之谜被科学家们逐渐解读开来。

嶂石岩回音壁之所以奇特正是由于它的奇特地貌形成的。在沟谷中露出的最古老的岩石是属于10亿年前元古代的变质岩，为山的核心部分。山体下部为6亿～10亿年前震旦纪的沙砾岩。山体上部为红色砂岩、页岩。该岩层厚度达几百米，说明当时沉积环境不但长而且平稳。这些岩层后来在地质作用下发生抬升，从水下上升到陆面以上。在距今1亿5千万年前的早侏罗纪时，今华北地区发生过巨大的地质活动。太行山东部河北省的平原地区相对下降、而太行山西部的山西高原则相对上升。在下降上升两种地质作用的接触地区，地层发生了扭曲与断裂，在沿断裂线南北方向出现了今天的太行山。由于断裂作用强烈，沿其方向出现一些平行的小断裂，其断裂产生的块体沿着断裂面下滑，形成一级级阶梯状陡崖，即地貌学上的断层线崖。崖面陡直，崖顶较平，微向内倾，崖边棱角完整。此后经过漫长湿热雨林气候水流作用，逐步使崖壁呈弧形。回音壁山体质脆而坚硬，其底部一层易于风化的泥岩先于山体被淘空，山体岩石直线塌落，使回音壁上下近乎垂直。回音效果酷似原声是因为弧形崖壁表面平滑，声音受到弧形崖体反射，空气中的声频几乎原封不动地传回原处。这就是嶂石岩回音壁形成的主要原因。

硇洲岛海鸣之谜

海鸣就是海洋发出的鸣响。惊涛拍岸的轰响，地震和火山引起的喧啸，以及鱼类和其他海洋生物发出的声音都属海鸣。可是，有些地方发生的海鸣，其原因却难以弄清。

广东省湛江硇洲岛东南海面，每当风云突变，天气异常，或风暴即将来临时，洋面上就会发生一阵阵有节奏的"呜、呜、呜"的声响。这声音犹如闪雷，一高一低，错落有致。当地人对这种声响甚感惊奇，但谁也弄不清它来自何处。

当地流传着这样一个说法：这种海鸣是沉放在海中的水鼓发出的。水鼓是很久很久以前建造硇洲岛国际灯塔时，法国人放置的。灯塔给过往的船舶指引航向，水鼓作海上气象预报器。

也许水鼓是一种海况探测报警器，随时向人们发出风浪变异的信息。可谁也没见过水鼓的模样，更不知它究竟放在哪里。

据说这种传说曾引起了有关方面的兴趣，并为此作了一些调查和研究。湛江旧称广州湾，清末在1898年为法国侵占，至1943年被日本侵占前一直为法国所统治。硇洲岛附近的航道，是进出湛江港的咽喉之地，由于浪大流急，时常发生船只沉没、触礁事故。法国侵略者为了殖民和掠夺的需要，曾在硇洲岛上建了一座较大的为船只引航的灯塔，但是否同时在海中安放了"水鼓"这种仪器，则无从知道，也未找到这方面的史料。有关部门曾专门派出船只到硇洲岛东南一带海域巡视搜索，结果一无所获。所以究竟有没有"水鼓"这种仪器，至今令人怀疑。

1969年，人们曾在这一带海域发现过一群海兽在游动，有人说是海猪。而实际上所谓海猪可能是指"江豚"或"海豚"。于是有人提出，奇怪的海鸣是海猪的号叫。可能是海猪预感到天气即将变坏，抑或海况即将变坏而烦躁不安所发出的叫声，也可能是海猪游动过程中相互间的联络信号。

自1976年以后，硇洲岛东南海面上的海鸣之声比以往逐渐减弱，以至于消失

△ 硇洲岛灯塔

了。于是持"水鼓说"的人认为，这是由于"水鼓"经年失修，功能逐渐减弱以至完全损坏的结果。而持"海猪号叫说"的人认为，海鸣减弱是因为20世纪70年代以来人们在这一带海域的活动明显增加，影响了"海猪"的正常生活，所以"海猪"就迁徙到别处去了，海鸣之声也随之消失了。

还有一些人认为，海鸣是从远处传来风暴的声音，声音在海面上和海水里传播的速度大大高于风暴中心移动的速度，因此使海面发出"呜呜"的风声。

可是，上面这几种说法似乎都不能自圆其说。例如，说是"水鼓"发出的声音的人，无法证实"水鼓"是否存在；说是"海猪"号叫的人，无法回答为什么"海猪"只在这一带海域鸣叫，迁到别处就不叫的问题；主张"海鸣"是从远处传来的风暴声的人，也无法说清风暴声为什么不在别的海区出现，以及1976年以后这里的风暴声为什么减弱、消失等问题。

至今，硇洲岛东南海面曾出现过的"海鸣"现象，无人能解释其因，成为仍待探索的谜题。

 ## "阴兵过路"之谜

每当天空雷鸣闪电、大雨将至或暴雨骤停、天开云散之时，在一处幽深的山谷里，就会响起各种惊心动魄的古战场厮杀声、惨叫声、兵器碰撞声、战马嘶鸣声、马蹄声和马铃声。还有人群抬棺材的声音……令人毛骨悚然。

这不是传说，也不是科幻故事、恐怖片，而是在我国确实存在这么一个神秘的地方。这个地方位于云南省陆良县"彩色沙林"附近。当地人称这种现象为"阴兵过路"。传说是一种冤魂出没的现象。

"彩色沙林"大约形成于3亿多年以前，原来是一片海洋，是由于地震冲击、地壳运动、岩浆喷射、风雨侵蚀等因素影响，形成了"聚沙为林"的奇观。随着光线的强弱和角度变化，沙山呈现出红、紫、蓝、黑、青、灰、绿七彩颜色。就在这神秘的沙林尽头，有一处高高的山梁，名为"大战马坡"，在其半山腰，又有一处地名为"小战马坡"，上面有"下马石"三字，据说，自古人们到这都要下马。再往前，沿"大战马坡"蜿蜒而上，有块巨大的岩石被凿开一道大沟，沟边也有一石头，上书"惊马石"三字，在它的右边有一处幽深的山谷，隐在一片密林阴影中，当地人称作"惊马槽"。传说三国时，诸葛亮平南，蜀蛮交战，八纳洞大鬼主——木鹿大王深通法术，开挖惊马槽大小两条，将蜀军战马引上战马坡对阵……忽然狂风大作，飞沙走石，如同骤雨；呜呜闻号角之声，只见虎豹豺狼、飞禽走兽乘风而出，张牙舞爪，冲将过来，蜀兵抵挡不住，退入惊马槽，马惊人坠，败下阵来，蛮兵随尾追杀，蜀军死伤众多。适时雷电交加，哀嚎遍野，惊马石感应其声，传至今日。传说无论是真是假，但"阴兵过路"的"怪声"、"鬼影"的确就是从这沟里发出的。当地人，特别是老人，傍晚或晚间路过惊马槽时都要磕头。更怪的是，有着天地之灵气的马到了"惊马槽"，不论用鞭

中国地理未解之谜

△ 彩色沙林

赶，还是死拉活拽，都不敢进"惊马槽"。1988年中央电视台到此拍摄纪录片《神奇的彩色沙林》，记录了马受惊而不敢进沟的场面。几年前在此拍摄电视剧《三国演义》时，一头马受惊吓挣脱缰绳，调头狂奔跌入山崖。

"大战马坡"是一座坡度为30多度的大梁子，由仕官村和汤官箐两村分属。当地的山民都曾耳闻目睹过"阴兵过路"的奇异现象。

据仕官村村民沈富堂说，他看了十几年山，那声音出现时很害怕，是一种"昂昂"的喊声，即使是拿着枪也令人胆战心惊。汤官箐村村民伏章友说：他从小放牛，听老人们讲，惊马石那地方很吓人，能听到声音。人们传说是"阴兵过路"，他也听过两三次，那是5年前的事了。大概是晚上六七点钟，他去找牛，听到鼓声、脚步声、马蹄声。像是马过路、打仗的声音。去年春末夏初的一天，仕官村的一位山民上山打柴，从大战马坡经过时已傍晚，当他来到惊马槽前时，忽听见有人声，他环顾四周，没有发现有人。忽然耳边又传出马叫声，继而又好像有许多人簇拥着一个东西在走，他吓坏了，知道自己遇到阴兵过路了，连忙叩起头来。不仅村民们听到了"怪声"，有武警也听到了"鬼"叫。那是1999年7月份一个雨天，昆明武警总队一位大队长和政委前来彩色沙林参观。在县城吃过早饭后，约8时左右，他们一行开始在沙林中巡看。大约9时，大家进入惊马槽。雨更大了，还伴随着一阵紧似一阵的闪电。忽然，大家同时听到了一声奇怪的马铃响。不久后，又一次传出了几名武警战士也听到怪声的新闻。同样也是在雨天，"大战马坡"发出了马的嘶鸣声。

在这神秘的地方不但有人听见了"怪声"，还有人看见了"鬼影"。据汤官箐村村民徐堂说：他十二三岁时就开始遇上"阴兵过路"的事。有一天，他和同伴两个人赶着牛往前走，到了"惊马槽"，牛打也不走。就听见"当当当当"、"叩托叩托"、"哐啷哐啷"的声响。印象最深的是有一次，晚上12点，赶着牛车从那里过，忽然牛头往两边摆，直翻鼻子。接着就听见了锣鼓响，继而"惊马石"上出现许多半人多高的小矮人，黑黑的一片，从几百米的地方走过来。34岁的仕官村人孙经昆在某一年的6月份，和同伴挑柴路过那梁子。那天晚上7点半左右，忽然乌云骤起。刚走到惊马石就电闪雷鸣，下起雨来。他们便在惊马石旁的沟里避雨。天黑了，伸手不见五指。忽然打了一个闪，从一侧石壁上闪出两个人影，那两个人影个子不高，帽子衣服看不十分清楚，仿佛与《三国演义》电视差不多。他们穿着古时的战袍，手持兵器互相打斗。紧接着传出战马嘶叫声，锣鼓声，古战车跑声。

当地百姓不能解释他们所遇到的稀奇古怪的事，而感到恐惧和害怕，他们的感性认识是"鬼魂、阴军们打仗"。那么这些奇怪的声音究竟是从哪里来的呢？为什么会出现这种"鬼影"、"怪声"呢？难道真的有鬼魂吗？有人认为，这些"怪声""鬼影"的传说不足为怪，这大山中人烟过于稀少，人和人的交往也就很少，人在旷野山林的时间过多，少数人在阴雨空旷的山林中会产生幻觉。还有人认为，这里山中有铬铁矿，它能起录音的作用，将过去发生的事记录下来，每当阴雨打雷之时，磁场引发，录音就会放出。科学家们经过长期研究确认：所谓"阴兵过路"其实是一种全息录音录影。在我们周围世界某一个特定的环境中，存在着一种特殊的电磁场，它就像录像机、录音机一样,记录下强烈的生物电信息并储存起来,在一定的条件下,又发射出去。专家认为:某些岩石或土壤有一定的自然录放功能,这种功能除取决于岩石土壤本身的性质外,也应与一定的大气电学条件有关,能记录声音,也可以记录图像。所谓"怪声""鬼影"也与此相同。《旅游导报》的一篇"大自然造就的奇观"一文,就描述了山头随意录放音这种奇特景观。文章写到:"邕波山位于贵州紫云苗族布依旅游自治县南部与望漠县交界的群山峻岭中,海拔1300米,属碎石屑岩类,山体略呈塔形。半山腰处有一个天然旱洞,洞口直径3~4米。山的三面自古就居住着三个苗族村寨,只要邕波山周围的村寨过年过节鸣放鞭炮、敲锣打鼓、吹奏唢呐或打枪放炮,其声音便会被录下来,而隔十多小时或几天后,该山又会把录下的各种声音重放出来。"具体到陆良大战马坡,应与它的地质构造有关。据《陆良县志》记载,大战马坡所在的汤官箐乡,有石英砂矿面积1.05平方公里,含二氧化硅程度高达96.92%~97.38%,地质专家进行了土质分析,发现土壤里大量含硅,磁性功能特别强。硅是用作集成电路的,有记忆功能。含硅较多的岩石便相当于一个大录音机和录像机的心脏。那些"怪声"、"鬼影"就是由于硅及磁铁矿录音的原因而形成的。

惊马槽发生的"阴兵过路"不是"超自然现象",那么岩石录下音像总会有一个来源,千百年前那儿到底发生了什么呢?陆良自古就被称作"滇黔锁钥"、"云南之嗓喉",是历代兵家必争之地。《三国演义》中"诸葛亮七擒孟获"的故事就发生在沙林一带,当年的战斗十分激烈。可能是雷电把当时打仗的情形记录了下来,当地的老百姓以为过路的"阴兵"就是"鬼主"孟获的部队。

那么,为什么马到惊马槽就会受惊呢?据推测,动物的感觉器官比人更敏感,能够感应到非常微小的、人不能分辨的声音。它们听到了沟中同类惨死时发出的悲鸣,因而感到恐惧才受了惊。

岩石具有录音和录像的功能是无疑的,所谓的"阴兵过路",完全是自然的因素在起作用。只是具体是什么样的机理,仍然藏有悬念,还有待科学家的深入研究。

长江源头之谜

人们常说：河有头，江有源。那么，长江这条举世闻名的大川，源头究竟在哪里呢？

清朝康熙后期，为了编制精确的全国地图，曾多次派人探测青藏地区，包括江源在内。因此在朝廷内府地图《皇舆全览图》上，明确标示金沙江上源为"木鲁乌苏河"。不过，使臣在1720年到达江源地区时，面对密如渔网的众多河流，不知所措，只有望洋兴叹，他在奏章里写道："江源如帚，分散甚阔"，就是说那里的河流多得就像扫帚一样，千头万绪，百支千条，不知长江的源头究竟在哪里。可见，对江源地区河流的认识还是模糊的。

在中国近代史上，帝国主义分子在大肆侵华的同时，也觊觎长江这块宝地，不同国籍的所谓探险家们，曾经多次踏上青藏高原。沙皇俄国军官普尔热瓦尔斯基，在1867～1885年的18年间，曾5次率领武装"探险队"窜入我国新疆、青藏地区活动，其中两次到达通天河上游。1889年和1908年，沙俄又派科兹洛夫率人两次经过柴达木盆地，翻越巴颜喀拉山，来到通天河北岸。1892年，美国人洛克希尔更深入到现在青藏公路西侧的尕尔曲。他们虽然都已到达了江源地区，但都未能到达长江源头。晚清及民国年间，涉及江源水系的著作虽然很多，但其详尽程度没有超出《水道提纲》的。

1946年初，出版的《中国地理概论》是一本有代表性的著作，书中写道："长江亦名扬子江，源出青海巴颜喀拉山南麓……全长5800公里，为我国第一巨川。上游于青海境内有南、北两源，南源曰木鲁乌苏，北源曰楚玛尔。"既然黄河发源于巴颜喀拉山北麓，而长江又源出该山之南，于是便有了"江河同源于一山"、"长江和黄河是姐妹河"之说。当时，中小学地理教科书都是这么写的，并且介绍5800公里长的长江为世界第四大河，因而谬

中国地理未解之谜

传甚广，影响极深，以至于直到新中国成立后，这种观念仍然盛行于世。

1976年夏和1978年夏，长江流域规划办公室曾两次组织江源调查队，深入江源地区进行了详尽的考察，结果证实：长江上源伸入青藏高原的唐古拉山和昆仑山之间，这里有大大小小十几条河流，其中较大的有3条，即楚玛尔河、沱沱河和当曲。

△ 长江源头——格拉丹冬

这3条河中，楚玛尔河水量不大，冬季常常干涸，不能成为长江正源；要论流域面积和水量，都以当曲为最大；但根据"河源唯远"的原则，确定了水量比当曲小五六倍而长度比当曲还要长18公里的沱沱河为长江正源。沱沱河的最上源，有东、西二支，东支发源于唐古拉山主峰各拉丹冬雪山（海拔6621米的西南侧），西支源于尕恰迪如岗雪山（海拔6513米的西侧），东支较西支略长，故长江的最初源头应是东支。东支的上段是一条很大的冰川（姜根迪如冰川，冰川融水形成的涓涓细流，便是万里长江的开始）。新华社于1978年1月13日公布了这一江源考察的新成果："长江究竟有多长？源头在哪里？经长江流域规划办公室组织查勘的结果表明：长江的源头不在巴颜喀拉山南麓，而是在唐古拉山主峰各拉丹冬雪山西南侧的沱沱河；长江全长不止5800公里，而是6300公里，比美国的密西西比河还要长，仅次于南美洲的亚马逊河和非洲的尼罗河。"第二天，美联社从日本东京发了一则电讯："长江取代了密西西比河，成了世界第三长的河流。"直到那个时候，才揭开了"万里长江的真正源头在哪里"这个千古之谜，纠正了历史上长期以来对江源情况的错误记述。

我国北方沙尘暴之谜

入春时节,理应莺飞草长,风和日丽,近几年却总闻我国西北东部、东北西南部、华北北部、北京等地多次出现沙尘暴天气。一则来自北京的消息是这样描述的:(2000年4月25日)凌晨,一阵小雨夹着泥沙从天而降,泥浆附着在露天停放的车辆、嫩绿的树叶和草坪上,污迹斑斑。泥浆雨过后,大风呼呼,尘沙滚滚,整个北京城漫天昏黄……这种"平沙莽莽黄人天"的景象,大煞了春的美景,更引起人们的极大关注。

沙尘暴是指强风从地面卷起大量沙尘,使空气浑浊,水平能见度小于1000米的灾害性天气现象。它通常出现在我国北方地区,可造成房屋倒塌、交通供电受阻或中断、火灾、人畜伤亡等后果,它污染自然环境、破坏农作物生长,给国民经济建设和人民生命财产安全造成严重的损失和极大的危害。它的破坏力绝不亚于台风和龙卷风。近年春天出现的沙尘暴天气时间之早、频率之高、范围之广、强度之大均为历史同期所罕见。

为什么近年我国北方经常会出现沙尘暴天气呢?专家们分析,沙尘暴的形成及其大小,直接取决于风力、气温、降水及与其相关的土壤表层状况。近年春天以来气候异常,这是造成北方沙尘暴的主要原因:一是3月份以来,华北地区和西北地区东部气温显著偏高。偏高的幅度达2~3℃,部分地区气温偏高幅度为近40年以来少见。这使土壤解冻的时间比往年提前,加速了土壤水分的蒸发。疏松的沙土极易被大风扬起;二是北方大部分地区降水稀少。春天,北方大部分地区基本无降水,解冻后大面积表层土壤干燥、疏松,植被还未形成,且在每次大风到来之前均没有可以抑制扬沙的明显降水过程;三是冷空气活动频繁,大风连续出现。3月份以来,冷空气活动异常频繁,加之在冷空气到来的同时有温带气旋在内蒙古到东北地区一带强烈发展,导

中国地理未解之谜

△ 可怕的沙尘暴

致风力显著增大；四是全球气候变暖。降水减少，有助于沙尘暴发生次数增加。统计资料表明，20世纪50年代至80年代的西北强沙尘暴只有5～8次，20世纪90年代竟达到21次，而20世纪90年代也正是全球气候最暖的时期。

专家们还分析，近年沙尘暴在北方地区频发，也与植被破坏、沙化土地不断扩展、城市建设中出现的问题有关。改革开放以来，党中央、国务院对生态环境建设十分重视，开展了西北、华北、东北防护林工程及防沙治沙工程建设，共造林种草3000万公顷，对于这一地区植被的恢复，减轻风沙危害起了很大作用。假若没有这些工程，遇到近年这样的异常气候，情况会更严重。但是，我国西北和华北北部沙漠面积广阔，极易出现沙暴天气，同时干旱半干旱地区的生态环境也很脆弱，其植被极易破坏而难于恢复。加上还存在毁林毁草开荒、过度放牧，滥伐滥采等人为破坏活动，造成了土地沙化不断扩展，这就为沙尘暴天气提供了主要的土沙物质。另外，目前华北和西北的城市中，在建的工地很多，仅北京就有几千处，由于缺乏工地表土的保护设施，致使表土裸露，旋风刮来，易于扬尘。

　　因此，沙尘暴频降我国北方地区是大气环流过程与生态过程共同作用的结果。一个最明显的道理是如果地面全部为植物覆盖，就没有过多的沙尘，再大的风也不会引起沙尘暴；同样，如果没有恶劣的气候条件，没有狂风，地面全是沙尘，也不会引起沙尘暴。地面植物覆盖与沙尘状况，在大的自然地理背景与特定的环境条件下，主要是生态过程决定的。而恶劣的气候条件则是由大气环流过程决定。对大气环流过程，我们只能认识，能预测到什么程度一时还很难说；至于调控，恐怕也很困难。而生态过程就不同。生态过程，在大的自然地理背景与特定环境下则主要是人类活动决定的。我们研究生态过程的特点与规律，研究人类活动与生态过程的相互关系，从而通过人类活动调控生态过程，这对于防治沙尘暴，有着重要的意义与作用。

　　飞沙狂舞，黄土弥漫，治理生态环境的任务十分艰巨。中国政府早在1996年就开始了对沙尘暴的研究，随后又组织中日友好环境保护中心及有关单位开展了专题研究，该项目运用了卫星、遥感和激光雷达等高新技术，研究了沙尘暴的起源地、传输路径及其对北京的影响，并提出了如何减缓沙尘暴影响的对策。

　　目前除通过运用遥感和激光雷达对我国数年的沙尘暴进行了跟踪外，同时设在内蒙古、河北、陕西、新疆、山西、北京等地的24个地面监测点也在同步监测。经过分析：2001年我国观测到32次扬沙和沙尘暴，其中有18次（占56%）是在蒙古国南部形成沙尘暴之后移动到我国境内，其余14次（占44%）均在内蒙古境内形成。追根溯源，每年影响北方的沙尘暴境外源区主要有蒙古国东南部戈壁荒漠区和哈萨克斯坦东部沙漠区两个区域，境内源区在内蒙古东部的苏尼特盆地或浑善达克沙地中西部，阿拉善盟中蒙边界地区（巴丹吉林沙漠）及新疆的塔克拉玛干沙漠和北疆的库尔班通古特沙漠。

　　针对沙尘暴形成的原因，专家建议应自北京起向外扩展至蒙古国建起四道生态屏障拒沙尘暴于大门外：第一道在北京北部的京津周边地区建立以植树造林为主的生态屏障；第二道在内蒙古浑善达克中西部地区，建起以退耕还林为中心的生态恢复保护带。坚决贯彻退耕还林还草、严禁过度放牧，重点恢复和保护草地资源，适度建设防风林；第三道在河套和黄河地区建起以黄灌带和毛乌素沙地为中心的鄂尔多斯生态屏障。控制沙化土地扩大，保住天然绿洲，逐步扩大人工林；第四道屏障要设置到蒙古国。蒙古国南部荒漠地区是现在和将来长期影响我国的主要沙尘暴源区，因此应尽快与蒙古国建立长期合作防治沙尘暴的计划框架，从根本上解决沙尘暴问题。

　　治理沙尘暴还需要关注的问题是：保护水资源。缺水会加剧旱情，干旱会使植被受损，而土壤裸露的必然结果就是荒漠化。可以说，对缺水的严重程度估计不足，对水的消耗计划不周，在北方土地荒漠化过程中有推波助澜的作用。据悉，水利部初步决定今后几年内将在西部修建小、微型集雨工程1700万处，用以解决或改善人畜饮水困难，增加灌溉和抗旱保苗补水面积。这个决定让人看到一种希望——集雨之类的节约水、利用水的办法，不但适用于西部，从防治沙尘暴意义上说更适于北部。在雨水充沛之时集雨，产生的效益必定更为可观。去过悉尼奥运村的人一定会注意到，主运动场硕大无棚的天顶上，特意安装了集雨设施，所集雨水足以浇灌场内草坪，既节水又省钱。澳大利亚作为一个资源富国，其做法不无借鉴意义。我们要奋起直追，加强研究，不仅要保护水资源，更要开发水资源。黄河两岸也曾有绿阴蔽日的年代，沧海桑田；现在，沙漠离北京怀柔已经不远，人沙进退只在庭步之间。

　　沙尘暴步步紧逼，逼着我们加倍努力！

钱塘江潮盛衰之谜

钱塘潮,又被人们称为"怒潮"。由于天体引力和钱塘江特殊的河口地势,形成了这一潮汐景致。南宋词人周密说:"浙江之潮,天下之伟观也,""方其远出海门,仅如银线;既而渐近,则玉城雪岭际天而来,大声如雷霆,震撼激射,吞天沃日,势极雄豪。"

"八月十八潮,壮观天下无。"相传八月十八日是潮神生日。这天潮头最高,水势凶猛无比,潮神骑着白马,在潮头上来回奔驰。唐诗人刘禹锡诗曰:"八月涛声吼地来,头高数丈触山回,须臾却入海门去,卷起沙堆似雪堆。"千百年来,钱塘江以其奇特卓绝的江潮,不知倾倒了多少游人看客。

每年的农历八月十八前后,是观潮的最佳时节。这期间,秋阳朗照,金风宜人,钱塘江口的海塘上,游客云集,兴致盎然,争睹奇景。观赏钱塘秋潮,有三个最佳位置:海宁县盐官镇东南的一段海塘为第一佳点。此处江面阔9里,潮势至此,齐列一线,有"海宁宝塔一线潮"之称。清雍正九年,奉敕建成海神庙,以祀浙海之神。传说,钱塘潮原来并无潮头,也无声响。这天,有巨人挑一担盐过江,至江边,放下担子歇脚,没想到竟打起瞌睡。正巧碰上东海老龙王出来巡江,潮水涌着龙王,慢慢涨了起来,一直涨到岸上,巨人的盐都溶化了。巨人醒来后,不见了盐。却闻到江水里的咸味,不由得怒从心起,举起扁担就打海水,直打得东海龙王连连叩头求饶,答应用海水晒出盐来赔偿巨人,并保证以后涨潮时,一定连喊带叫,免得巨人误事。巨人把扁担往杭州湾口一放,说:"以后潮水来时,得从这里叫起!"龙王连声答应。

巨人当年坐过的那个地方,就是海宁的盐官镇。著名的"一线潮"也即从此而来。

中国地理未解之谜

每当潮头初临时,天边闪现出一条横贯江面的白链,伴之以隆隆的声响,酷似天边闷雷滚动。潮头由远而近,飞驰而来。宛若一群洁白的天鹅排成一线,万头攒动,振翅飞来。潮头推拥,鸣声渐强,顷刻间,白链似的潮峰奔来眼前,耸起一面三四米高的水墙直立于江面,倾涛泻浪,喷珠溅玉,势如万马奔腾。潮涌至海塘,更掀起高9米的潮峰,果然"滔天浊浪排空来,翻江倒海山为摧"!

在第二个观潮佳点——盐官镇东8公里的八堡,可以观赏到潮头相撞的奇景。海潮涨入江口之后,因为南北两岸地势不同,潮流速度南快北慢,潮头渐渐分为两段。进展神速的南段称为南潮;迟迟不前的北段潮头,在北岸观潮者看来,是来自东方,故称东潮。当南潮扑向南岸被荡回来,调头向北涌去,恰与姗姗来迟的东潮撞个满怀。霎时间,一声巨响,好似山崩地裂,满江耸起千座雪峰,看时令人触目惊心!

第三个观潮佳点——盐官镇西12公里的老盐仓,可以欣赏到"返头潮"。这里,有一道高9米、长650米的"丁字坝"直插江心,宛如一只力挽狂澜的巨臂。潮水至此,气势已经稍减,但冲到丁字坝头,仍如万头雄狮惊吼跃起,激浪千重。随即潮头一转,返窜回塘岸,直向塘顶观潮的人们扑来。这返头潮的突然袭击,常使观潮者措手不及,惊逃失态。

为什么钱塘秋潮如此壮观而又如此准时呢?这是许多人很自然地想到的问题。

据民间传说,有一年,钱塘潮在海宁盐官镇外面改换了方向,直扑绍兴龙山而去。这是为什么呢?春秋时代,吴越争雄,吴国大臣伍子胥因屡次进谏,被吴王夫差赐死,其尸首被扔进江里。谁知潮水顿时白浪翻滚,有如万马奔腾。从此,人们便称伍子胥为"涨潮神"。

越王勾践灭吴雪耻后,以"久蓄异心"的借口,把功臣文种也杀了,把他葬在绍兴的龙山上。伍子胥活着时,最恨文种,认为吴亡越兴,都是文种的计谋。文种一死,伍子胥便借八月十八的大潮,卷走了龙山上文种的尸骨。于是两人站在潮头上,展开了激烈争辩。最后,伍子胥明白了"自古忠魂都含冤",两人遂讲和。文种便开始主动退潮,人们称他为"退潮神"。

当然，传说不过是传说而已。钱塘秋潮如此之盛的原因，主要是其独特的地理条件。

钱塘江外杭州湾，外宽内窄，外深内浅，是一个非常典型的喇叭状海湾。出海口江面宽达100公里，往西到澉浦，江面骤缩到20公里。到海宁盐官镇一带时，只有三公里宽。起潮时，宽深的湾口，一下子吞进大量海水，由于江面迅速收缩变窄变浅，夺路上涌的潮水来不及均匀上升，便都后浪推前浪，一浪更比一浪高。到大夹山附近，又遇水下巨大拦门沙坝，潮水一拥而上，掀起高耸惊人的巨涛，形成陡立的水墙，酿成初起的潮峰。此外，潮涌与月亮、太阳的引力也有关。因为在农历每月初一和十五前后，太阳、月亮和地球排列在一条线上，太阳和月亮的引力合在一起吸引着地球表面的海水，所以每月初一和十五的潮汐就特别大，而农历八月十八前后，是一年中地球离太阳最近、引力最大的时候，此时出现的涌潮，自然也就最猛烈。

那么，钱塘秋潮会不会发生变化？科学工作者告诉人们，钱塘秋潮一直处于变化之中。由于潮势最盛位置的变化，人们观潮点也随之改变。宋朝时的观潮点在杭州以上折成直角的河段。明朝以后，海宁盐官镇成观潮胜地。现代江海变化，最盛潮位曾西移头蓬，近年又有东移八堡之势。

最令人关注的是1985年钱塘秋潮的衰微现象。这一天，几万游人前往盐官镇观潮。然而潮水来时，只见一条很细的白线，缓慢逼近，越到眼前越连不成线，只是片片浪花，涌潮高度只有50~60厘米，令观潮者大失所望。人们开始担心钱塘秋潮从此消失了。

其实，钱塘秋潮没有消失。可令人担忧的是，近些年来秋潮的确渐渐衰弱了，而1985年表现得尤为突出。这是为什么呢？科学工作者通过考察揭开了谜底：其主要原因是在澉浦以西已累计围垦海涂80万亩，使八堡以上的河道变窄，造成进潮量减少，河床抬高。加之1985年的梅雨时节，钱塘江流量比历年平均数减少了近1/3，对泥沙的冲刷力大大减弱。大量被海潮带上来的泥沙淤积在江面，使这一带淤积增厚，迫使江道主线南移。这样，当海潮涌进钱塘江时，只能折向南面逆流而上。由于流路加长，潮水的能量消耗过大，当海潮到达盐官镇时，已经是"精疲力竭"，往日的壮观场面也就不见了。

龙游石窟群之谜

龙游石窟群，位于浙江省西部，钱塘江上游的龙游县小南海镇石岩背村。这是一个谜团百结的地下建筑群，在方圆0.38平方公里的土丘上似有规律地分布了大小24个洞窟，每个洞窟的面积从1000~3000平方米不等，每个洞窟从矩形洞口开始垂直向下延伸，高度约30米，顶部呈"倒斗形"，洞内均分布着3~4根巨大的"鱼尾形"石柱，与洞顶浑然一体。更让人叹为观止的是洞壁、洞顶和石柱上都均匀地留下古人似乎带有装饰意义的凿痕。

龙游石窟群规模宏大，气势磅礴。走进石窟，宛如时光倒流到远古，而它的"开采年代""开采人""用途"等都是千古不解之谜。

龙游历史悠久，据龙游县地方志载，龙游在秦朝已设县，最早历史记载见诸《左传》："鲁哀公十三年，越伐吴王孙弥庸，寿于姚自泓上观之，见姑蔑之旗。"这里"姑蔑"就是秦始皇实行郡县制时设立的太末县，对此许多古籍均有记载。"太末"即今之"龙游"。如《路史》："姑蔑一曰姑妹，太末也，晋之龙丘，今衢之龙游，有姑蔑城。"《春秋经传集解》："姑蔑，今东阳太末县。"鲁哀公十三年为公元前480年，距今已有2500年历史。可见，龙游的历史迄今已2500余年。专家们查遍现存的龙游县志及其他史料，都没有查到有关龙游石窟群的记载。一个如此浩大的地下石窟群开凿工程，怎么可能在当地史料中"漏掉"呢？看来这些谜窟开凿年代相当遥远，2500年前它们就沉睡在地下，2500年前的先民也和今日石岩背村的村民一样，不知自己脚下有如此秘密。

石岩背村与龙游县城隔水相望，背山面水，安逸宁静，村民们在这里日出而作，日落而息，身临其境有进入世外仙庄之感。村边临江处有一座竹林禅寺，殿前悠悠流水碧波通南海，寺中袅袅青烟瑞霭接西天。该寺始建于

△ 龙游石窟

明，清代重建，毁于"文革"期间，现正在重建。在竹林禅寺附近散布着许多大小差不多的矩形水塘。当地老人说，这些都是"无底塘"，深不可测，即使在大旱之时也不见浅，旧时曾作为寺院的放生池。这几年，常有村民从池中钓起大鱼。村里有几亩水田，第一天充满水第二天莫名其妙地漏光了，再浇再漏，只好改种旱稻。村民们怀疑与这些无底塘有关，经常议论此地先民们是怎么开凿这些深塘以及这些深塘为什么这么深？

1992年6月9日，四位村民突发奇想，集资一万多元，动用4台水泵，要抽干池水，看看到底池底有什么。洞口不过二十多平方米，昼夜不停地抽到第四天，水平面才开始下降并向里伸展，而且从池的一侧出现了向下伸展的台阶。他们好不兴奋，小心翼翼地将水泵从台阶向下移，抽水抽到第九天清晨，突然发现前方水平面上显露出两个鱼尾状的石柱。他们有些害怕了，怕触犯了神灵，这里怎么会有大石柱呢？再说也没钱了，8天8夜，白白扔光了一万多元，还不知何时能见底。当时龙游县县长知道了此事，实地考查后认为可能很有开发价值，便与财政部门协商，拨了2万元，支持他们继续抽下去。当抽到第17个昼夜，终于将一个"无底塘"抽干了。水下现真容，"无底塘"下竟是一个人工开凿而成的由4根巨柱支撑的巨大洞窟！这更加引起了当地政府的重视，很快又相继抽干了紧邻的6个洞窟。经进一步勘察，在方圆不到几公里的石岩背村，类似这样的洞窟有24个，龙游石窟群就这样横空出世了。

现在展现在人们面前的，是一个构造奇特、气势恢宏、谜团丛生的石窟群。

从已经露出真容的7个洞窟来看，这些石窟似乎都在开凿前作过精密的设计和统筹安排。据目测，石窟的高度均在10～30米之间，假如再挖掉仍淤积于洞底的浮土层，实际高度将更高。发现洞窟的村民通过打木桩的土办法测量出浮土层的厚度大概在5～8米。石窟的面积小则数百平方米，大则有2000多平方米。所有石窟都凿有一条石阶，从洞口直达洞底。现已开发的洞窟内，均"半砌半凿"出一个深5～4米、面积达二十余平方米的矩形"水池"，究竟有何功用，目前尚是一个谜。更为奇特的是，每个石窟都有粗细不等的石柱，显然是在开凿过程中有意留下的。石柱少则一根，多则四五根，其大小与布局似乎是依照力学原理而设，以支撑窟顶。这些石柱的横截面均呈电熨斗状，其中最粗的一根石柱需5人方能合抱。最令人叹为观止的是，石窟的四壁陡峭笔直，棱角分明，而窟顶则无一例外地呈45度斜角，从约20平方米的洞口向下倾斜。而且洞顶与洞壁、石柱相接处凿痕呈弧形展开，凿痕均平如刀削，纹理匀称细密，道道凿痕整齐排列，极像是机械加工而成。

龙游石窟群是谜窟！仅从石窟本身来看，就有许多令人费解的地方：一是所有石窟的洞口均朝西南方向，午后的阳光可以直射进石窟的中心；二是已发现的7个石窟的平面布局竟呈北斗星状，而这7个石窟又正好处于整个扇形石窟群的中心部位；三是这些石窟均紧紧相邻，却绝不彼此相通，而洞与洞之间的最短壁距竟只有半米，这在当今地下工程中，运用极为先进的地下探测仪器亦很难做到；四是当村民们抽干洞窟积水时，惊讶地发现，在完全封闭的洞窟内竟找不到一条鱼，难道原先一直在"无底塘"里生存的鱼类都插了翅膀飞了？五是在一些洞窟的洞壁上，刻有长达数米、深达5厘米的散发状线条图案，有的像闪电，有的像楔形文字，这些粗犷的石刻线条象征着什么？是图腾还是有待破译的密码？

龙游石窟群最大的谜团，就是这些地下石窟群开凿于什么年代，为什么这么宏大的工程，却至今尚未发现有关的史料记载。一个小小的山村地下，竟深藏着24个大小不一，高低错落的石窟，其密集程度令人吃惊。为什么地下石窟群要集中在这个小山村？千百年来，为什么人们一直不知道这个巨大的秘密？就连在这块土地上生息了一代又一代的村民们也毫无察觉？

龙游石窟的奇妙发现在国内外引起广泛的关注。有专家考察后认为，龙游石窟是继埃及金字塔、中国万里长城等世界八大奇迹后的第九大奇迹。龙游石窟引来了很多国内考古界、建筑界、史学界的专家学者前来探秘。

经过考察，有专家认为这是一个废弃的采石场。此种观点认为，从凿洞的方式看，是逐层下剥采用斜凿的方式把岩石和岩体剥离。石窟紧靠衢江，便于运输。从凿痕看，应是铁器所为，因此时间可推到汉代炼钢技术出现以后。这种观点的支持率较高。也有专家提出"地下仓库说"，其依据是在查阅当地县志时，发现了明代一幅《翠岩春雨》的画，画中描绘了衢江边一个用来做仓库的人工石洞，综合考察和这一发现得出这一结论。还有专家通过考证认为，从石窟的凿痕看，使用的工具应当是青铜器，这样时间大致可以定在春秋时期。其依据是，在当时的吴越之战中，越国战败，传说越王勾践为了复仇，藏匿深山打造兵器，训练士兵，而在何山训练一直是个谜。据此推断，石窟用于藏兵练兵，这就是最具挑战性的"藏兵说"。

当然在上述说法之外，也还存在不同的说法，如"道家福地说"、"伏龙治水说"、"巨石文化说"以及"外星文明说"等，不一而足。但不论是哪一种说法，都只能是推测而已。总之，龙游石窟的发现是20世纪的一个奇迹，是个千古之谜。看来要揭开这个谜面，还有待于21世纪人的努力。

还有一件事值得一提。1998年7月初，浙江省地球物理技术应用研究所的几位研究员带了一车子仪器到龙游，试图运用浅层地震测试法，摸清整个石窟群的布局结构，结果因地层复杂、洞窟繁多而搁浅。这更加重了龙游石窟的神秘色彩。

在谜团重重的龙游石窟群中，稍加留意你就会发现，在洞壁断面岩层中都散布着许多包裹状物质，当地人称之为"石丁"，其中已开发游览的3、4、5号洞壁中满目皆是。现在，经地质专家考察做出鉴定：这种"石丁"实为白垩纪恐龙蛋及恐龙骨骼化石。在当地，以前也曾零星出土过恐龙蛋化石。如1992年位于石窟上方地表裸露的岩层中（原小南海镇中学操场边上），出土了十几枚较为完整的恐龙蛋化石，这些恐龙蛋化石现收藏在龙游县博物馆。但这次石窟洞壁上所暴露的恐龙蛋化石群分布异常密集，数量之多实为罕见。专家认为，龙游地下石窟开采的石头属白垩纪的红砂岩，是从侏罗纪到第三纪的陆相红色岩系堆积在各地盆地中的。该岩层系湖相沉积成因，距今约7千万至1.3亿年，当时恐龙大量繁衍生存，故而留下极为丰富的恐龙化石遗存。它的发现为研究亿万年前金衢盆地地质史提供了珍贵的实物资料，同时更加丰富了龙游石窟群文化内涵和增添了不可估量的旅游价值，使人们在探秘的同时也领略到了沧海桑田的变迁。

4台抽水泵连续17个昼夜不停运转，抽出了千年积水，也抽出了千古奇迹。4位村民将作为奇迹的发现者载入史册！他们的大名是吴阿奶、陈龙根、邓寿富、毛荣贵，他们将与谜窟群永远地联系在一起。

成千上万的游人从全国各地拥向龙游，钻进谜窟。"入窟尽是探奇者，出窟全变猜谜人"。人们惊叹不已，龙游石窟将与世界八大奇迹齐名！

幻境魔鬼城之谜

说起罗布泊,大家都知道那是一个神秘的地方,那儿有消失了千年的古国,有许多解不开的谜。在这个迷雾重重的罗布泊里,有个叫"白龙堆"的地方,被人们称为"魔鬼城"。据说进入这里如同进入了魔鬼居住的城镇,光怪陆离,真的像是走进了魔鬼的世界。为什么这里被称为"魔鬼城"呢,难道说这里真的有魔鬼出没,这里真的是魔鬼造的城吗?

"白龙堆"位于罗布泊以东至甘肃玉门关之间,距敦煌约400余公里。在我国历史上,"白龙堆"曾是"丝绸之路"的南道要地。西汉以后,中国内地大量的丝织物品便要通过自阳关至楼兰之间的白龙堆沙漠和翻越帕米尔高原,运往西亚和欧洲以及非洲各国。而这里具有强烈的大陆性气候,白天赤日炎炎似火烧,中午的气温可高达六十多摄氏度,给人的感觉就像被放在蒸笼里一般,但一到了夜里,气温却又降到了0摄氏度左右,宛若坠入了冰窖。时常七八级以上的大风突然而至,飞沙走石,蔽日遮天。即便是身体好的人,也感觉无法适应。

虽然这条道路是三条通道之中最为凶险的。但是却经常出现使臣、商贾和求经法师。有许多人在穿过这个危险的地区时,因迷失方向饥渴而死,所以从那时起就有了"魔鬼城"之称。史书记载:"汉使数百人汝辈来,而死者过半。"古时商队骆驼在盐壳上行走,"四蹄皆流血"。东晋有个叫法显的和尚,曾到过白龙堆。他所写的《佛国记》中记载:"渡流沙,中有鬼热风,遇则皆死,上无飞鸟,下无走兽。遍望极目,欲求度处,则莫知所拟,唯以死人骨为标志耳。"从这里便可看出,"白龙堆"这一段路是多么的艰险呀!玄奘大师去印度取经,也曾经过这里。到了敦煌,听当地人介绍"白龙堆"的情况后,跟随他的几个人都吓得不敢再继续西进了。于是他自己带

中国地理未解之谜

△ 白龙堆

了一匹老马,毅然登程,走进了这片可怕的地区。在茫茫大漠中,他苦苦支撑着,可到了最后关头他还是迷失了方向,在黄沙中转来转去,找不到出路,干渴得就要一命呜呼了,幸亏那匹老马不听他驾驭,硬把他驮到一个有泉水的地方,才拣回了一条性命。在当时这样的例子真是多得不胜枚举。

"白龙堆"也被人称为"龙城"。其实,这里既没有龙,也没有城,而是一大片盐壳地带,这里原是数十万年前的古海湾,随着时间的流逝,气候不断变化,古海消失了。气候变得极端干燥,一年四季大风不止,罗布泊扩及到这里的湖水,很快被大量蒸发或渗入地下了。长年累月,便在地面上聚积了一层很厚的灰白色的盐壳。有的地方盐层厚达一米多,坚硬异常。但也有的地方盐层较薄,踩上去会发出宛若踩在树叶上所发出的"嘎吱、嘎吱"的声音,有的时候,人一不小心还会陷进去。这些坚硬发白的盐壳,被常年不断的东北风吹着,形成了我国传说中的"龙"身上的鳞甲一样的形状。

"白龙堆"也是因为有这种盐壳地带而得名。

我国另外还有两处被称为"魔鬼城"的地方：一个是在准噶尔盆地西北边缘，乌尔禾小镇的北边，被世人称为乌尔禾"魔鬼城"，占地约十多平方公里，地面海拔350米左右。曾经有一位地质学家到此考察，遇到了猛烈的大风。一瞬间，天地昏暗，死寂的荒城一时像是战场，锣鼓喧天，车驰马鸣；一时又像婴儿在哭，女人在叫，男人在吼，千百人在奔跑呼号；或似千军万马，或似鬼哭狼嚎，或似长啸悲啼，或似惨叫冷笑。那位地质学家被吓得魂飞魄散，拼命奔跑，整整一天一夜，才拖着精疲力竭的身子逃出城去。一路上嘴里还不断说着"太可怕了，魔鬼城！太可怕了，魔鬼城！太可怕了！……"从那个时候起，这里就有了"魔鬼城"的称谓。

另一个是位于奇台县境内的诺敏"魔鬼城"，在恐龙谷的西南方。它比克拉玛依的乌尔禾"魔鬼城"大7倍，总面积84平方公里。地面上吹蚀沟的深度可达十余米，沟与垄脊的长度由数米以数百米，蔚为壮观。也是受风力的雕凿和流水的切割，经过地质学上的三叠纪、侏罗纪、白垩纪的各种沉积物组合而成的。它四季多风，每当夜幕降临，劲风吹过，黄沙蔽日，呼啸的狂风在城中穿梭回旋，石击沙鸣，会发出恐怖的呼啸，犹如千万只野兽在咆哮，如同鬼怪凄厉，令人毛骨悚然，所以也得名为"魔鬼城"。

我们通常用"童话一般的仙境"来描述一个美丽的地方。而"魔鬼城"只会给人带来一种诡异、隐隐约约恐惧的感觉，也就只能用"地狱一般的幻境"来形容了。

那么"魔鬼城"到底是如何形成的呢？它当然不是魔鬼造的城，而是自然界中一种由大风侵蚀塑造而成的奇特地貌。这种地貌被称为"雅丹地貌"。"雅丹"维吾尔语的意思是"陡峻的小丘"。山丘和山峰被风吹成各式各样的建筑物，有的像天坛，有的像埃及的金字塔，有的似城堡、舰船、楼阁，似人物、动物、蘑菇……千姿百态，不一而足，鬼斧神工，瀚海奇观。地质学家称之为"风成城"，蒙古语称风城为"苏木哈克"，哈萨克语为"沙依坦克尔西"，其意是指魔鬼出没的地方。

要想知道乌尔禾"魔鬼城"的成因，就要从一亿年前谈起。那时在地质科学上称为白垩纪时期，当时这里是一个巨大的淡水湖泊，湖岸生长着茂盛的植物，水中栖息繁衍着乌尔禾剑龙、蛇颈龙、恐龙、准噶尔翼龙和其他远古动物，这里是一片水族欢聚的"天堂"。后来经过两次大的地壳变动，湖泊变成了间夹着砂岩和泥板岩的陆地瀚海，地质学上称它为"戈壁台地"。随着历史的推进，气候的变迁，地壳盼变动，这里不但沉积了红绿相间而巨厚的砂岩与泥岩岩层，而且由于地壳的上升，湖水开始干涸，岩层亦变形升起，湿润的气候逐渐被干燥的气候所代替。随着时光的消逝，准噶尔盆地的气候愈来愈干燥，大陆性干燥气候越来越明显，干旱高温年降雨量极少，一般最多十几到几十毫米。有些特别干旱的地带，年降雨量仅几毫米，盛夏高温时达50℃至70℃，而冬季又严寒异常。每当春夏季节暖流来临，与寒流形成对流。到一定程度的时候，这种对流形成的风就会肆虐，猛烈地推动沙粒，使沉睡地面的无数沙粒腾空而起，在空中肆无忌惮地狂舞旋转起来。沙土被猛烈的风冲刷卷走，它此时就像一个疯狂的杀手，无情地摧毁和折磨它前进道路上所有的东西；有时，它却是一个出色的雕刻大师，会把一些地方的岩石地层雕塑成各种各样的形态。地面被侵蚀成无数深浅不一的沟壑，以及直立的土石层形成的土冈。冈丘形态丰富，神态逼真，有的如城堡、宫殿、陋居，也有的如酒肆、尖塔、亭榭，有的像珍禽异兽，有的甚至像人，活灵活现，仿佛被真的赋予了生命一般。千百万年来，像这样大的温差和少而集中的年降雨量，加速了风化剥蚀，从而形成了今天自然界中的千古奇观。

"魔鬼城"的奥秘被彻底揭开了。我们在感叹这大自然留下的沧桑印记，欣赏这无言的震撼人心的美的同时，却不得不冷静地思考，思考它日趋恶化的生态环境给我们生存的土地带来的威胁。今天，开发大西北的热潮正风起云涌，在开发利用资源的同时，我们更应该注重环保，合理地利用资源、节约资源。坚持可持续发展的战略，为我国的现代化建设作出贡献。

间歇泉之谜

在西藏雅鲁藏布江上游搭各加地区考察的我国科学工作者,有一段描述当地喷泉喷发时动人情景的报道:

"……我们遇到一次令人难忘的特大喷发:在一系列短促的喷发和停歇之后,随着一阵撼人的巨大吼声,高温气、水突然冲出泉口,即刻扩展成直径2米以上的气、水柱,高度竟达20米左右,柱顶的蒸汽团继续翻滚腾跃,直捣蓝天,景象蔚为壮观。"

这种泉叫间歇泉。

间歇泉是一种热水泉。这种泉的泉水不是从泉眼里不停地喷涌出来,而是一停一溢,好像是憋足了一口气,才狠命地涌出一股子来。喷发的时候,泉水可以喷射到很高很高的空中,形成几米,甚至几十米高的水柱,看起来十分壮观。

间歇泉喷发的时间并不长,喷了几分钟、几十分钟以后就自动停止,隔一段时间,又会发生一次新的喷发。如此循环,喷喷停停,停停喷喷,间歇泉的名字就是这样来的。

在国外,把间歇泉叫做"盖策"。这个名字是冰岛话的译音,它的原意也是间歇泉的意思。原来,冰岛是一个间歇泉非常集中的国家。在冰岛首都雷克雅未克附近一个山间盆地里,有一片很有名的间歇泉区。"盖策"是其中最有名的一个间歇泉,这个泉在平静的时候,是一个直径20米的圆圆的水池,清得发绿的热水把圆池灌得满满的,并且沿着水池的一个缺口缓缓流出。可是,这种平静的局面维持不了多长时间,就会突然暴怒起来。只见池中清水翻滚,池下传出类似开锅时的呼噜声。很快,一条水柱冲天而起,在蔚蓝色的天幕上飘洒着滚热的细雨。据说,盖策的喷发高度可以达到70米。

因为这个间歇泉很有名，渐渐地，"盖策"就成了世界上对间歇泉通用的称呼了。

在整个世界上，这种壮观的间歇泉并不很多。比较集中的地区，除了上面谈到的我国西藏和冰岛以外，还有美国落基山间的黄石公园、新西兰北岛等地。

美国的黄石公园一向以间歇泉闻名于世，一些远道而来的旅游者到黄石公园去，主要目的就是想看一看那里的间歇泉。

黄石公园里有一个叫老实泉的间歇泉特别有趣。这个间歇泉不仅喷发猛烈，而且特别遵守时间，总是每隔1小时左右喷发一次，从不提前，也从不迟到。所以才得了这个"老实"的美名。可是后来因为地震，老实泉发生了变化，现在不如从前那么遵守时间了。

新西兰北岛怀蒙谷间歇泉以喷发最高而闻名，最大高度可达450米。可惜好景不长，现在怀蒙谷已经停止了喷发。

我国西藏地区的间歇泉是新中国成立后发现的。搭各加地区间歇泉数量多，喷发能量也大，完全可以和国外各大间歇泉媲美。

间歇泉为什么喷喷停停，它是怎么形成的呢？

间歇泉的形成除了要具备形成一般泉水所需的条件，比如，充足的地下水源和适宜的地质构造等以外，还要有一些特殊的条件：

第一，必须是在地壳运动比较活跃的地区，地下要有炽热的岩浆活动，而且距地表又不能太深。这是间歇泉的能源。上面提到的几个地方，都是这种类型的地区。

第二，要有一套复杂的供水系统。有人把它比作"地下的天然锅炉"。在这个天然锅炉里，要有一条深深的泉水通道。地下水在通道最下部被炽热的岩浆烤热，却又受到通道上部高压水柱的压力，不能自由翻滚沸腾。狭窄的通道也限制了泉水上下的对流。这样，通道下面的水就不断地被加热，不断地积蓄力量，一直到水柱底部的蒸气压力超过水柱上部的压力的时候，地下高温、高压的热水和热气就把通道中的水全部顶出地表，造成强大的喷发。喷发以后，随着水温下降，压力减低，喷发就会暂时停止，又积蓄力量准备下一次新的喷发。

"龙三角"的奇怪现象

同百慕大"魔鬼三角"一样,船只和飞机进入"龙三角"水域时,经常会出现罗盘失灵、无线电通信出现故障或中断等现象,也会碰上突然出现的巨浪、海雾、狂风和旋涡。从海底地貌等自然条件来看,"龙三角"同"魔鬼三角"海区很类似。

1957年4月19日,日本轮船"吉川丸"沿"龙三角"航线由南太平洋驶向归国途中,船长和水手们突然清楚地看到两个闪着银光、没有机翼、直径10多米长、呈圆盘形的金属飞行物从天而降,一下子钻入了离轮船不远的水中,随后海面上掀起了奔腾的巨浪。

1981年4月,"多喜丸"号航行在日本东海岸外海。忽然间,一个闪着蓝光的圆盘状物体从海中冒出来,掀起一阵大浪,差点儿把"多喜丸"号打翻。它在空中盘旋着,速度极快,无法看清它的外表细节,只能估计它的直径在200米左右。在它出现时,船上无线电失灵,仪表的指针也乱成一团,疯狂地快速旋转。后来它又重新飞回海中,造成的大浪把"多喜丸"的外壳都打坏了。船长计算了一下时间,来自海中的发光飞行物从出现至隐没约有7分钟。之后,船长发现船上的时钟奇异地慢了15分钟。

更令人不安的是带有核武器的潜艇和飞机也在这一水域失踪了。美国著名学者查·伯尔兹指出:截至目前,有数枚核弹头在"龙三角"神秘失踪。伯尔兹甚至由此联想到,是不是在"龙三角"海底有一股神秘力量把这些核武器收集起来了呢,海底是否隐藏着某种文明呢?但猜想终归是猜想,真正的谜底人们还无从知晓。

中国地理未解之谜

石钟乳开花之谜

植物开花，是一件很平常的事，但在中国广东、北京等地区的溶洞中却发现石钟乳也会开花，这种现象令人百思不得其解。

白云洞位于中国华北平原与太行山山区交界的崆山地区，面积约4000平方米，其中最大的洞厅面积为2170平方米。该洞独特之处在于洞内熔岩造型丰富、密集而又富于变化。洞内的线性石笋广布，形态绮丽的牛肺状彩色石幔、石帘多有分布，晶莹如珠的石葡萄、石珍珠等也比较常见，这些在国内已属罕见，更奇特的还有"节外生枝"景观。"节外生枝"是一个网状卷曲石，它与普通的石钟乳不同，不是垂直向下，而是凌空拐了一个直角，向旁边生长开去，并且拐弯一段的前端比后端粗壮。这种造型是怎么生成的，至今仍未可知。

中国广东云浮蟠龙洞全长近500米，洞分三层，拥有洞穴世界中的稀世珍品——宝石花。长在蟠龙洞中的宝石花不像常见的滴聚而成的石钟乳那样上下垂直，而是横向斜生，甚至违反重力作用而向上节节生长。曾有人不小心把一个石花碰断，这一偶然事件，却揭示了蟠龙洞宝石花的另一个秘密：一年后，人们发现折断的宝石花又长出了几厘米，而众所周知，一般的石钟乳、石笋几十年也长不了这么长。

北京房山银狐洞是我国北方最好的溶洞，该洞深入地下100多米，洞内既有一般洞穴常见的卷曲石、壁流石、石珍珠、石葡萄、石瀑布、石枝、石花、石盾、穴珠、鹅管等，也有一般洞穴中少见的云盆、石钟、大型边槽石坝、仙田晶花、方解石晶体。令人不解的是，洞内石花数量惊人，形状也十分奇特。洞顶、洞壁以及支洞深处的仙田里，菊花状、松柏枝叶态、刺猬样的石花密布。至于为什么银狐洞的石花这样多，没人能够解释清楚。还有更

134

△ 白云洞奇观

奇妙的呢！沿着银狐洞狭窄的洞壁前行10米，来到三叉支洞的交汇处，这儿的洞顶密布着大朵石菊花，洞底有个1米高的石台，一个长近2米，形似雪豹头银狐身的大型晶体，从洞顶垂到洞底，通体如冰雪玉雕般洁白晶莹，并且布满丝绒状的毛刺，刺长3～5厘米，密密麻麻，洁白纯净。

对"银狐"的成因，有不同的说法。有从外部成因入手，认为是由于雾喷而后凝聚形成的；有从内部成因入手，认为丝绒绒的毛状晶体是含有这种物质的水，从内部渗透到外部而形成的。究竟孰是孰非？不得而知。

中国地理未解之谜

塔克拉玛干之谜

　　唐代高僧玄奘曾在他的旅游笔记《大唐西域记》中讲述过曷劳落迦城被沙埋没的奇妙经过。

　　曷劳落迦城在媲摩城北，原是一个十分富庶的城镇。但是，在这个城镇中居住的居民不敬神佛，欺凌过往的僧侣，用土块投掷他们，他们的行为惹怒了神佛。7天之后，一场突发的风暴将全城埋没。全城居民中，只有一户因接济过僧侣，这家人被提前告知，筑地道逃了出来，其余的居民则全部丧命。传说这个被淹没的城市中有许多珍宝，吸引了许多人前往发掘。然而不论是谁，只要接近曷劳落迦城，就会惨遭不幸。

　　玄奘的记录旨在说明塔克拉玛干沙漠的风暴是湮埋这一地区古代文明的重要原因。

　　塔克拉玛干沙漠腹地大风并不多，并且在高大沙丘区，沙丘移动十分缓慢，一年移动距离不足1米。所以人们常说的自唐代以来，塔克拉玛干沙漠向南移动了80～100千米的说法是不对的。长久以来，塔克拉玛干新增沙漠化土地不过3万多平方千米，即使全部摊到塔克拉玛干南缘，也不过平均4千米的距离。这可能是因为原来就在沙漠中的城镇、道路在废弃后，被沙掩埋造成了沙漠大规模向南移的假象，实际上这些遗址南面原来也是沙漠，它们的废弃使南北沙漠合二为一。

　　大风扩大了沙漠化的危害，在沙漠外围地区，由于风力活动，会使一些低矮的沙丘每年移动几十米至上百米，对绿洲造成了严重危害。而且，由于塔克拉玛干沙漠的沙粒十分微细，在很小的风力作用下就会移动。别的地方起沙风须达到6米/秒，而在塔克拉玛干地区风力只要达到4米/秒时就能起沙，这使塔克拉玛干成为我国西北地区沙尘暴的一个重要发源地。

△ 塔克拉玛干沙漠中的胡杨

沙尘暴是塔克拉玛干沙漠地区一种常见的天气现象,在塔中和塔西,每年的沙尘暴日分别达到65天和60天,一举夺取新疆的冠、亚军称号。沙尘暴影响范围少则几百米,多则达上百千米;时间短则几分钟,长则一昼夜以上,能见度差时真是伸手不见五指,大有"黑云压城城欲摧"之势。当沙尘暴与一些过境恶劣天气相结合时,所形成的沙尘暴更是来势汹汹,规模浩大,常常形成灰、黑、黄色的巨大沙幕,席卷而来,大有吞没万物的气势。

塔克拉玛干沙漠中的天气现象丰富多彩。除了日升、日落、朝霞、夕阳,煦煦和风、狂烈风暴等特色外,也可以见到被认为是湿润地区特有的雾、雹、露、霜、雪等种种现象。

雾是因水汽凝结而生,而在被视为干燥绝顶的塔克拉玛干,一样会有大雾天出现,一年中雾日有三天半。一些学者从理论上探讨过,雹子在极端干旱的沙漠区绝不可能出现,可实际上塔克拉玛干地区一年中也会有冰雹落下。

在塔克拉玛干腹地,一年中有近10天的雷暴日,有长达140~230天的霜日,甚至有2天降雪日,积雪深1~5厘米。看到一望无际的大漠一派银装素裹,人们真要惊叹大自然的造化神功了。塔克拉玛干的确是一个神奇的地方。

中国地理未解之谜

敦煌石窟四大谜团

敦煌石窟位于今甘肃省敦煌地区，是这一带几座石窟的总称，其中以莫高窟规模最大、内容最丰富。

敦煌石窟还有没有新洞窟？对莫高窟进行过周密的地质探测，可以断言，莫高窟不会有新窟，但在其他几个窟区，由于没有详细探测，还有没有新洞窟至今还是一个谜。

敦煌是否还有藏经洞？1900年6月22日，敦煌的道士王元禄发现了藏经洞，从洞中出土4~11世纪的各种珍贵文物5万多件，其中有佛教经卷、社会文书、刺绣、绢画、法器等，被誉为"中古时代的百科全书"和"古代学术的海洋"。那么，敦煌是否还有藏经洞呢？据有关报道称地质部门在莫高窟探测过程中曾发现一个洞窟墙壁有异常现象，至于是否也是藏经洞，还不得而知。

敦煌文献中有多少个世界第一？敦煌藏经洞内的5万多件文献，是个内容浩瀚的中古时代百科全书，几乎涉及社会和自然科学的各个方面，从中目前已经发现了许多世界第一。

在自然科学方面，发现了世界上最早的纸、最早的活字、最古老的书籍、最早的报纸、最早的火枪、最早的马具、最早的星象图等；在社会科学方面，发现了世界上最早的连环画、最早的乐谱、最早的棋经、最早的标点符号、最早的粟特语文书、最早的硬笔书法、最早的舞台演出图等。那么，敦煌文献中还有多少个世界第一，这个谜只有等待全世界的敦煌学专家来回答。

敦煌的壁画到底有多少？据最新统计，敦煌石窟中有壁画的多达570个，壁画面积5万多平方米，是一座博大精美的民族壁画宫殿，被誉为"墙壁上的

△ 敦煌石窟

美术馆"。专家学者们早就发现：许多早期的壁画上都覆盖着晚期的壁画，壁画一层盖一层，多的达到四五层之多。这些被覆盖的壁画由于与外界隔绝，壁画保存得都比较完好。因此敦煌宝库中到底有多少壁画，壁画面积有多大，这仍是一个谜。

　　敦煌无论对专家学者还是普通百姓来说，仍是个充满神秘色彩的地方，众多之谜还有待历史和人们进一步来解答。

三角形的108塔群之谜

108塔位于宁夏青铜峡水库西面峻峭的山崖上，因塔数而得名，因此又称百八塔。百八塔坐西朝东，背山面水，随山势凿石分阶而建，自上而下，按1、3、5、7……19奇数排列，构成了一个等边三角形的大型塔群。塔的底座为砖砌八角形顶弥座，塔身似覆钵，塔顶如宝珠，高2米左右，是一种实心喇嘛塔。最上一塔，形制特大，以下逐层按比例缩小，远望能观塔群全貌，很符合视线的透视原理，体现了古代匠师的聪明才智，真称得上是别具一格。

传说，这里曾是穆桂英的"天门阵"、"点将台"。其实，108塔是佛家惯用之数，念佛108遍，数珠108颗，晓钟108响。这里的108塔，估计与佛教密宗《金刚顶经》中昆卢庶那108尊法身有关。但真正的缘由是什么，至今还是一个谜。

△ 108塔

台湾岛是从东亚大陆分离而成的吗

　　台湾岛和东亚大陆隔着一条窄窄的海峡,在遥远的地质年代,它是不是和大陆处于一体的状态?这个问题涉及台湾岛的成因,答案现在还没有确定,但在学术界内共有三种不同的说法,都有自己的道理。

　　一种看法是,台湾地层与大陆属于同一结构,在地质年代新生代的第四纪前即距今100万年前后,它本是大陆的一部分,同大陆连接在一起,最多是一个半岛。第四纪后因地层变动,局部陆地下沉,出现了台湾海峡,使台湾成了海岛。持这种看法的人还指出,即使出现了海峡,澎湖列岛南部同福建陆地之间,直到5400年前,还有一条经过台湾礁的陆地联系着,而澎湖与台湾的陆地联系则一直维持到距今6200年前。

　　有人还从研究台湾的史前文化来证明上述见解的正确性。人们在台东长滨乡八仙洞发现了旧石器时代的文化遗址,那里出土的石制品有六千余件,都与祖国大陆(特别是南部地区)出土的旧石器时代的石制品,无论在制作技术或基本类型上,没有多大的差别。有人发现,从高雄县风鼻头一带发掘出的史前时期的彩陶和黑陶,与大陆出土的新石器时代的彩陶和黑陶非常相似,还有人在台北县淡水镇八里乡八盆坎地方发掘的青铜制成的两翼式箭头,经切片化验,发现它的冶铸方法是大陆殷商时代的。

　　此外,人们在淡水河流域还发现,那里出土的赤褐的粗砂陶器与福建金门县出土的黑色和红色的陶器在刻纹等方面很相近,可能属于同一类型。这些自然只能从两边曾有陆路相连来说明。支持这种看法的人,还从台湾古代动物化石来证明有人在台湾西部发现许多大型哺乳类——如象、犀牛、野牛、剑虎等的化石,说明早在距今100万年左右有大批动物,从大陆别地移到原属大陆的台湾。也有人考察野生植物后指出,台地野生植物和大陆上的野

中国地理未解之谜

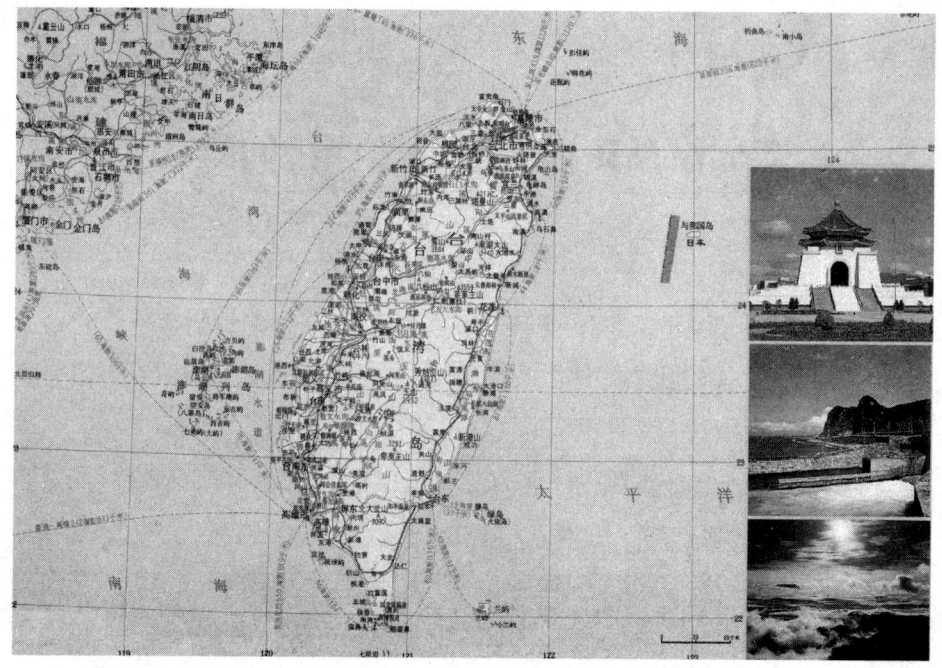

△ 台湾地图

生植物相比，多是大同小异的，大多相同相近或近缘。据统计，台湾洋齿类以上的野生植物达3800多种，其中有1000种与大陆完全相同等。

另一种看法认为，台湾是东亚岛弧中的一个环节，它的形成与东亚岛弧的形成、发展，有着密切的关系。所谓东亚岛弧即指东亚大陆架与太平洋西部海沟之间的岛弧，包括千岛群岛、日本群岛、琉球群岛、台湾及其附近小岛、菲律宾群岛等东亚岛弧的形成，是以东亚褶皱山系的出现为标志。而东亚褶皱山系的出现则是由于以下因素造成的：在地壳运动中，东亚大陆架一方面受到来自大陆方向的强大挤压力，另一方面又受到巨大而坚硬的太平洋地块的阻抗，于是在它前沿形成了一系列按东北——西南方向排列的山脉，那就是东亚褶皱山系，当它露出海面时，便构成了东亚岛弧。单就台湾讲，由于地壳运动的结果，产生褶皱、隆降而奠定台湾地质的基础。

这大约是在地质年代的中生代的三叠纪的事，距今差不多2亿年。此后在很长时间里，这里又为海水所淹没，直到新生代早第三纪的始新世即距今约4000万年时，地球上最近的一次造山运动即喜马拉雅运动，使台湾及其附近小岛再受到造山运动的影响，又发生过多次的地壳运动，台湾大部分地区因受挤压褶皱而上升，大约在新生代晚第三纪的中新世即距今1000~2000万年时，又重新被海水淹没，只有高耸的中央山脉凸露出海面，后来长期在山脉的两侧，集起大量的沉积物。

接着在地质年代新生代晚第三纪的上新世即距今两三百万年前，造山运动又再剧烈进行，中央山脉再度挤压上升，其两侧也褶皱成山，显露出海面，那就是中央山脉东的、台东山脉西的五山山脉、阿里山山脉，终于形成了台湾的现代地形。因为越是靠近太平洋，受到太平洋地块的阻抗越大，褶皱山脉的山势越高耸，所以台湾的地势比起内陆的福建等都来得高峻。正因为这样，台湾岛的东边比西边陡峭。

此外还有一种说法，认为在地质年代新生代的第四纪以前台湾同大陆是分开的，第四纪以后有过合在一起的时候。这是因为第四纪更新世前期即距今100万年左右，由于地壳上升的变动和地球上气候变冷的影响，沿海地区出现了陆地面积扩大的情况，那时候台湾海峡的海水可能几乎退干，成了陆地，于是出现了台湾同大陆连成一片的局面。后来到了更新世后期，地球上气候转暖，海水上升，陆地减少，台湾海峡又再出现，台湾同大陆又隔开了。以后又再相连、相隔。如此经过了多次反复。自然相隔的时间很长，而相连的时间也不是很短。台地的大型哺乳动物就是在两地相连时从大陆别地进入台湾的，而人类史前文化，也是在两地相连时一部分人从大陆带进台湾的。

这三种说法，到底哪一种正确？也许这个问题更难回答，因为这三种推断听起来似乎都很有道理。

中国地理未解之谜

哈尼梯田是"世外之田"吗

在那起伏的、高耸入云的山峦之间，哈尼梯田如同蜿蜒的一级一级登上蓝天的"天梯"，简直是天与地之间一幅幅巨大的抽象画。哈尼梯田堪称地球上的一大奇迹。长期以来不为世人知晓的"世外之田"——哈尼梯田是一个"人与自然"和谐发展的奇观，是亚洲稻作文化的一个鲜活榜样。

云南是人类最早的发祥地之一，而在漫长的岁月中，云南又在封建时代被称为"偏僻蛮荒之地"。哈尼族是全国人口在百万以上的15个少数民族之一，起源之早，比人们想象的更为遥远，它和人类早期的迁徙有关。据专家近年考证，云南先民是沿着"亚洲的扇子骨水系"走向中国西南和长江中下游，走向东南亚、中亚和亚洲其他地区的。据史料记载和哈尼族大量的神话、史诗、民间传说等资料可得知，哈尼族与彝、拉祜等民族同源于古代羌人，原先游牧于青藏高原，后逐渐南迁于云南，分两路途经滇池、洱海迁徙至元江西侧的哀牢山和西双版纳、澜沧江流域及老挝、越南、泰国的北部山区居住。

哈尼族很早就进入了农耕定居生活，其种稻治田的历史非常悠久。哈尼族史诗对其古老的家园，有这样的描述："在高高的山上，撒下了三升种。七月的蚂蟥上不了高山，十月的寒霜雪降不到坝子里。高山种地有收获，坝子种谷已饱满。"到清代，哈尼族所创造的梯田已经蔚为壮观。嘉庆《临安府志·土司志》记述了当时的梯田壮景："依山麓平旷处，开凿田园，层层相间，远望如画。至山势峻极，蹑坎而登，有石梯蹬，名曰梯田。水源高者，通以略约（卷槽），数里不绝。"在今天，这种蓝景更是壮观。

遗憾的是，哈尼族没有文字，他们的历史文化、农耕经验和全部生产技术，都靠口授和示范以家庭教育的方式代代沿袭。在这种传袭过程中，由于

△ 哈尼梯田

人们丰富的想象力和参与，哈尼族古老的历史文化和现实生活都带有了浓烈的神秘色彩。

　　人口流动对创造"梯田文化"至关紧要，可以说云南是亚洲稻作文化的起源地之一。先民稻作方式和水源关系密切。云南位居长江、珠江、红河、湄公河、萨尔温江、伊洛瓦底江等江河的上游，可以将云南称作"扇子骨"水系的汇集地，"亚洲的水塔"。亚洲古代稻米传播道路的源头都汇集于阿萨姆（印度）和云南，唐宋以来，以梯田稻作耕耘为中轴的哈尼文化，逐渐定型于云南的红河水系，在哀牢山、无量山之间得到完善和发展，并传播到东南亚诸国。

　　红河南岸哈尼族山区，是纵贯云南绵亘千里的哀牢山南部末端。这里山高谷深，地形复杂，海拔高下悬殊2000多米，从山脚到山顶，热带、温带、寒带气候依次排列，形成云南亚热带山区典型的气候立体性分布特征。哈尼族梯田农业令人惊奇地利用了这种地势高下、气候立体的自然环境，使一种新的生态系统出现于天地之间。

在较为寒冷阴湿的高山，保持着茂密的原始森林。由于红河南岸热带山区受南面海洋性季风和海拔高低悬殊的影响，高山云遮雾罩，降雨充沛，另外，从炎热河谷和江河湖泊中蒸发升腾的水蒸气在此化为绵绵雾雨，洒洒淋淋，终年不断，在林中汇成数不清的水潭和溪流。低山河谷的江流湖泊均发育于此间，这是天然的绿色水库。因此，哀牢山具有"山有多高，水有多高"的特点。哈尼族对高山森林的保护极为重视，因为这是梯田农业的命根子。

气候温和的中半山是理想的居住地。哈尼族在中半山的向阳坡上建造房屋，形成村落。在村寨周围、房前屋后开辟菜园，修筑道路与各村寨连接。以高山森林为源泉，引入村中的人畜饮水，永远用之不竭。哈尼族有一俗话："要种田在山下，要生娃娃在山腰。"这是千百年来的生活经验的总结。红河南岸哀牢山区的低海拔河谷地带，炎热潮湿，瘴疠流行，毒蛇、蚂蟥、蚊虫，猖狂横行。高山区则阴雨连绵，寒冷潮湿，又是猛兽出没之区，人畜存活难有保障。而中半山，冬暖夏凉，气候适中，有利于人们的生活，且在红河南岸亚热带山高谷深的地理环境中，既可以上山打猎以获副食，又易于下山种田收取米粮。定居其间是生活的选择。

从村寨边至山脚河谷的整个下半山，为层层梯田。这里气温较高，湿度较大，适于稻谷生长。当地哈尼族依着山势利用每一寸土地，每个角落，使得梯田每层大小不一，形状各异，然而却错落有致，互相沟通，层层相叠，挂满群山。梯田间还修有道路，行走方便，易于农作物的运输。

哈尼族梯田水利工程在世界上是独一无二的。开挖梯田就是一项绝活，它不仅需要强劲的体魄，还需要丰富的经验。开挖梯田的最佳时节是每年的阳春三月，这段时间气候宜人，土质干燥。开挖时，哪里渗水，可以即时补漏加固。田埂是用开挖时挖下的大土饼层垒起，每垒一层，用脚踩牢夯实。从山脚越往上开田，山势越见陡峻，因此，越往高处，田埂需越厚。在低山坡，坡度和缓，田埂较低也较薄，仅四五寸，人走在上面，不是老手绝对不能走稳。高山陡峭，田埂较高，有的高达五六米。高埂十分厚实，两人并行，毫无问题。另外，垒好的田埂每年彻底铲修一次，不让野草滋生，不让老鼠打洞。年积月累，田埂越见牢固、美观。再就是高山水田与低山水田管理又有不同，高山水田长年保水，起到了牢固田埂、积蓄山水的作用。低山水田则每年放水晒田，这样可以增加地力。这种高田保水与低田晒田的不同方法，是与亚热带山区哈尼族梯田农业独特的水利施肥方式密切相关的。

　　哈尼族在每座悬挂着梯田的山腰，都挖出数道水沟。平时，道道大沟接住高山森林中流下和渗出的泉水。雨水季节，漫山流淌的山水被水沟截住，顺着大沟流入梯田。每道大沟的上源都通进高山森林中的水潭和溪流。有的水沟长达数十里，跨越邻县，直接水源，这样可保农田用水长年不息。从高山顺沟而来的水，由上而下注入最高层的梯田，高层梯田水满，便注入下一块梯田，再满再往下流……直至汇入河谷。这样，每块梯田都成了"沟渠"，成为水流上下连接的部分。由于山水遥遥而来，夹带碎石泥沙，为了防止梯田沙化和堆积碎石，于是在沟水入田处挖一坑沉淀沙石，在此清除石沙十分方便。这种独特于世的山区梯田农业水利工程是哈尼族勤劳智慧及生产经验的显著成果。

　　在整个红河南岸哀牢山中，兴修水沟是所有人的事，而且不仅仅是一村一寨小集体的事。水沟跨州连县，密如蛛网，灌区内所有的人都视水沟为命根，对水沟有着义不容辞的责任，不仅兴修时出力，护养沟渠亦为己任。沟渠稍有破损，谁见谁修，蔚然成风。每年冬季，各村出动，疏通沟渠，砍去杂草，维修一新。这种集体主义风尚是山区梯田农业所决定的，反过来它又促使梯田农业得以保持、发展和完善。

　　在漫长的历史岁月和长期的梯田农业实践中，哈尼族形成了一种不成文的水规。这种水规是根据一股山泉和沟渠的灌溉面积，由这一灌溉面积内的农户依各自的梯田数量共同协商，规定其用水量，然后按泉水流经的先后，在沟与田的交接处横放一块刻有一定流水量的木槽，水经木槽流入各家梯田。这种约定俗成、代代不逾的水规，为维持梯田农业系统和维系民族群体的内聚力起到了良好的作用。

　　哈尼梯田的另一个堪称奇迹的地方是它的"活水施肥"法，这与内地平坝农业有显著的不同。哈尼族梯田的特征之一是田水长流，以田为渠，长年不息。内地一等田水灌满，马上将水封闭在田中，称为"关田保水"，这有利于所施肥料的保持和稻田用水的保持。而哈尼族的活水种植则是为了便于施肥。在红河南岸亚热带山区，山高坡陡，行走不便，不要说使用汽车、马车、小推车，就是扁担这样的工具也完全不实用，田间驮运的装载工具就是背箩。如此，像内地及平坝那样的施肥是不可能的。梯田用水来自深山老林，高山流水顺着沟渠将原始森林中的大量腐殖质不断地带进田间，这是一种自然的施肥。这种山水有较高的肥力，长年流过梯田，使稻谷从栽到收一直受益。

另一方面则是人为的施肥：一个别出心裁的施肥方法是"冲肥"，冲肥有两种：一是冲村寨肥塘。在哈尼族各村寨，村中都有一个大水塘，平时家禽牲畜粪便、垃圾灶灰积集于此。栽种时节，引来山水，搅拌肥塘，乌黑恶臭的肥水顺沟冲下，流入梯田。如果某家要单独冲畜肥入田，只要通知别家关闭水口，就可单独冲肥；二是冲山水肥。每年雨季初临，正是稻谷拔节抽穗也是追肥之时，在高山森林中积蓄并沤了一年的枯枝败叶和野放山林的牛马粪便随着雨水顺山而下，流入山腰水沟。这时候，村村寨寨、男女老少一起出动，称为"赶沟"。漫山而来的肥料在人们的大力疏导下，迅速注入梯田。由于山高谷深，梯田上下，田水长流，冲肥往往使肥料较多地积于低山梯田中，很显然，低山梯田肥于高山梯田。所以，哈尼人的施肥一点儿不比内地的施肥方法落后，他们是聪明地选择了因地制宜的施肥方法。在哈尼族山区，梯田养鱼是最为绝妙的事。它的独特性在于，它是活水养鱼。这是由梯田农业的长年流水决定的。梯田中养殖的多为鲫鱼，也有鲤鱼。这种在梯田活水中长大的鱼有其自身的特点：一是这种鱼生长较快，栽秧时放入，收割时便可捕获；二是肉质鲜嫩，连鱼鳞也细软可食。这里的家家门口都有一个水塘，平时没事就到谷底河里去捞小鱼和鱼仔，放在水塘里养，到了栽秧的时候，就把小鱼放进梯田。放有小鱼的梯田水口要用竹笆隔着，不然鱼就跑到别家田里去了。鱼和谷子一起长，鱼吃谷花，叫"谷花鱼"。

哈尼族房屋建筑是一种称为"蘑菇房"的土木结构楼房。这种住房有坚实的土墙，房顶的一半用泥土夯平作为晒台。哈尼族山区少有平地，于是晒谷、晾衣、乘凉、孩子游玩、妇女纺织往往都在房顶上进行，晒台成为人们闲暇活动的重要场所。房顶的另一半则是厚重的草顶。草顶使亚热带山区住房内冬暖夏凉、通风干燥。这草顶是哈尼族住宅建筑最重要的部分，由于它的外形像蘑菇，所以有"蘑菇房"之称。蘑菇房每一两年便更换草顶，使其完好如新。保持房顶的优良特长，使其益于生活。这就需要大量的适于建筑的长棵稻草，这或许就是哈尼族选择种植长棵稻谷的原因。

哈尼人将青山绿水视为自己生活的一分子，悉心地加以呵护。哈尼族延续了上千年的这种朴素的自然观，无形中跟现代的环保观念倒很契合。他们早就认为人类是属于自然的，而不是自然是属于人类的，哈尼族将自然和人类都看作是天神意志的化外物，并将自然规律当做天神意志的具体表现形式。在哈尼族深层的理念积淀中，郁郁苍苍的原始森林里，栖息着众多的人格化的山神、这些山神具有无穷的威力，众神栖息的大森林被视为圣地。因此，人们平时很少进入其中，更不能砍伐其中林木或毁林开荒。有时因事不得不从"神山"走进，口中还默诵祈求山神赎罪和庇护的祝词。哈尼人的这种敬畏自然的信仰，客观上保护了森林的生态环境，保护了哈尼梯田的水源。

哈尼人很少有"人定胜天"的豪情壮志，倒有"天人合一"的朴素原始观念，森林视为山神栖息的圣地，人们没有"改天换地"的野心、体察天意，由于善待自然，才一直保持了良好的生态环境，创造了"山有多高，水有多高，田有多高"的哈尼梯田。

中国地理未解之谜

泸沽湖畔的"女儿国"之谜

有一块神秘得谜一般的土地,有一个深邃如梦幻的湖泊,那就是滇西北高原的泸沽湖,这里时代居住着摩梭人。在那里,无论是一棵树一座山或一片水,无不浸染着女性的色彩,烙印着母亲的情感。于是,又被人们称誉为"当今世界唯一的母系王国"、"大山深处的伊甸园"、"上帝创造的最后一方女人的乐土",那里已经成为一个现代人嘴里的神话、一个世人津津乐道的乌托邦。

泸沽湖,人们称为"女儿国",最神秘之处就缘于这"走婚"二字。情爱生活,在那里是天经地义的事情,所以又有人说那里是"爱的乐园"。千百年的岁月在那里缓缓流去,在庞大的母系部落中,摩梭儿女仍然乐此不疲地走在那条古老的走婚路上。走婚这种习俗,在泸沽湖北边的四川摩梭人中被称为"翻木楞子",是指男子在夜间翻越木楞房的壁缝,进入钟发女子的花楼。在云南摩梭人中,称"走婚"为"森森",可以理解为"走走",即走来走去,晚上去是"走",早上返回也是"走"。

在那块土地上,哪个男子不风流,哪个女人又不懂情呢?风流的男人,人们都觉得是应该的,往往那些猥琐的、内向的、不在情场上驰骋的,反而被人笑话,说他们是萎狗,是不能出头露面的骟马。

每到黄昏,脉脉夕阳的余晖铺在女神山上,当蜜一样的晚霞在天边闪耀时,归鸟的翅膀驮着湖光山色飞倦了,层层山峦铺满了阴影,夜晚即将笼住蓝色的梦。届时,在山边,或在湖畔弯弯路上,你常常会看见那些骑马赶路的英俊男儿。他们戴着礼帽,脚著皮靴,腰间别着精美的腰刀,跨着心爱的骏马。怀里揣着送给姑娘的礼物,也揣着足够的自信和一腔情思,朝情人家悠悠走去。

千万别以为他们可以大摇大摆地进入女方家的木楞房内，拴马、喂马、然后来到火塘边，那是会被人笑话的，因为时机还不够成熟。他只能在村边的草地上放马、遛马，等待黑夜的来临，夜晚才是属于他任意风流的时光。

△ 泸沽湖美景

当夜色浓浓地笼罩大地，群山间的夜鸟东一声西一声啼鸣，月儿弯弯地挂在树梢，随露水渐渐重起来，虫鸣声声草丛里，寒星在空中稠密起来，村里的狗在狂吠，人们都进入了甜蜜的梦乡，属于情人们的白天才刚刚来临，骑马的汉子才能走近姑娘的花房。如果姑娘很痴情于小伙子，并早有约定的暗号，那进入花楼就简单多了。因为约定的信号发出，姑娘会来为他们开门。按着约好的暗号，或怪鸟鸣叫，或长虫独吟，或夜猫啜泣，或丢颗石子在屋顶，姑娘就会打开花楼之门。但是，如果双方的恋情还不到火候，姑娘为了表示自己的毅力或考验男子的本事，她是不会主动开门的，门闩和门杠，可能还加了码。那么，小伙子要进入恋人的住所就困难了，因为一般摩梭家都是四幢木楞房拼成的四合院。

如果没有办法进去，那小伙子就只能翻墙而入了，整个人贴在姑娘家木楞壁上，那道走婚的门，始终不为他敞开。他还得防着恶狗，不然走婚不成反被犬咬，那会成为传遍几个寨子的笑话。可是，聪明的小伙子们还是有办法的。白天，他们从山上捡来已开裂的松果，用饭团揉进松果的裂缝内，等恶狗一来就将松果丢给狗，那笨狗就不哼不叫，只顾去啃那个松果了，啃又啃不完，吃又吃不到什么，小伙子便来到门口。摩梭人家的大门都是用很大

151

的木板制作的，开门时会发出嘶哑的怪声，小伙子早已备有一点儿香油，将油倒入门轴上，经香油润滑，门就不会发出"警报"。第三步，腰刀派上了用场，里面的门杠和门闩，用腰刀从门缝中拨开，他就能进去了。

走婚这种充满了某种艰辛，但又融注着浪漫气质的婚姻形式，并非无根之木，它有自己独特的文化背景。在泸沽湖畔的摩梭人中，历来实行着母系大家庭的家庭模式，血缘以母系计，财产由母系血统的亲人，而没有父系血统的人，只有母亲的母亲及舅舅之类，还有母亲的兄弟姐妹和女性成员的孩子们，而没有叔伯、姑嫂、翁媳之类的成员。这样的格局必须靠着走婚制度来维系。家中的男子每到夜间就到情人家过夜，第二天黎明时分又回到自己的母亲家，实行着暮合晨离的走访婚，所生育的孩子归女方家抚养，他们只承担自己姐妹的孩子。所以，在家庭中，他们（即舅舅们）的地位仅次于母亲，在这样的家庭中实行"舅掌礼仪母掌财"，男女情侣之间，没有太多的经济联系，除了互相赠送的一些定情物，并没有共同的财产，因为他们并不用成立自己的小家庭，他们之间只有情感的联系，一旦双方感情破裂，男的不再上门夜访，或女子不再开门接待，这段情缘就算了结。双方也没有怨言和仇视，因为他们不必为经济发生纠纷，也不必为孩子的抚养起纠葛，孩子历来由女方家庭承担抚养教育义务，从不靠父亲一方。分开后的男女仍可以寻访自己最中意的情侣。

在男女青年恋爱时，先是秘密的，随着感情的加深，才公开来往，一旦公开来往，就不必再像前面提到的那样守夜，在黄昏时就可以进入女方家，共进晚餐，还可与她们家人一起劳动。无论男女双方是什么地位，有什么样的名声或来自何家族，长辈从不干涉。因为有钱有权也罢，家庭显赫也罢，也不过是走婚，他们走婚后，财产和名声仍属于两个各自的家庭与他们当事人没有太多关系。所以，他们只注重双方的感情。

在灿烂的星空下，在泸沽湖清波的荡漾中，人们仍在歌唱着历史，歌唱着爱情，仍在夜幕中信誓旦旦，在黎明时各奔东西；对外人而言，他们只能是一个谜团，因为只有那里才生长那种爱情。泸沽湖永远是一个爱的乐园。

北京曾是个大海湾吗

如果打开北京地区的地形图，或者登上北京的西山之巅，就会清楚地看到：北京周围的地形很像一个半封闭的海湾。它的西面、北面和东北面群山环抱，状若围屏，只有东南一面，平坦辽阔的华北大平原展开，一望无际。如果把这些蜿蜒起伏的群山想象成海边的陆地，而那广阔无垠的平原是碧波万顷的大海，那么在平原之上矗立的座座孤独的山丘，则酷似突兀在碧波之中的小岛。这种情景，在雾霭笼罩着原野的时候，尤其显得逼真。北京真的曾经是个海湾吗？

根据在顺义县打的钻孔里发现了有昆虫化石，可以推知大约在200万年前，也就是在地质历史最新一"章"——第四纪开始的时候，曾经发生过一次则模较大的"海进"，即海水大规模上升而侵入陆地，古渤海湾曾一度扩展到了北京地区，后来海水又退走了。在最近200万年内，这样的海水进退又发生过好几次，范围有大有小。例如25000年前的一次"海进"，海水只不过到了京津之间的一带地方而已。所以，北京是不是形成了真正科学意义上的"海湾"还有待继续考察研究。

经历了地质的沧桑巨变，最终形成了今天的北京小平原。在小平原的西部，是沿着山西、河北两省交界延伸过来的巍巍太行山北段，从北京房山县西南的拒马河到昌平县南口关沟这一段，通称为北京的西山。它的山势是由东北走向西南，西北高峻，层峦叠嶂，耸立云天。例如北京市最西部边境上的灵山，海拔两千多米，是这一带最高的山峰。但山势向东南逐渐降低，在西山与北京小平原的接壤之处，则是海拔高度不大的低山和丘陵。近在北京西郊的玉泉山、万寿山，只不过是孤立在平原边际上的断岗残丘而已。

北京的北部和东北部，是属于燕山山脉的军都山。它像一张弯弓由西南延伸向东北，横亘在蒙古高原与华北大平原之间，形成一道天然屏障；向东，它逶迤数百里直抵渤海之滨，因而也将东北大平原和华北大平原分隔开来。军都山所属的燕山山脉是我国北方巨大的阴山山脉的一支，平均海拔在千米以上，是地理上的重要分界线。在这道峰峦起伏、地势险要的山岭之中，有许多天然形成的峡谷关隘，其中最重要的例如密云县的古北口，昌平县的南口关沟，河北省迁西县的喜峰口等，均为沟通北京小平原与蒙古高原和东北大平原的交通要道。

三面环山的北京小平原位于华北大平原的西北端，除了距离山区不远的地方有一些孤独零星的岛屿般的残丘之外，平原地势平坦，西北略高，东南渐低，缓缓向渤海海滨倾斜。在这平展开阔的平原上，从周围山区发源的大小河川，蜿蜒流经北京小平原，最后向东南汇为海河，注入渤海。其中最大的、也是最著名的便是永定河。

永定河穿过北京市西南部的崇山峻岭，从北京城西的三家店流出西山进入平原，向东南流至天津汇入海河。除此之外，流经北京小平原上的重要河流还有东部的潮白河、北运河和西南边界上的拒马河等。这些河流，一方面，它们的沉积物对北京小平原的形成有很大关系；另一方面，它们对北京地区早期原始部落的诞生也有着直接影响。

北京地处亚欧大陆东岸的一隅，虽然东南距离渤海仅仅145公里，但是海洋对北京的气候影响并不大，终年的气流多来自西北方向，因而北京的气候是标准的温带大陆性季风气候，主要特点是冬季寒冷干燥，夏季炎热多雨。特别应该指出的是，北京年平均降雨量约为640毫米，而其中的70%多均集中在夏季。夏季的高温多雨，对植物生长是十分有利。这是由于夏季东南海洋上的温暖而潮湿的气流吹向陆地带来的。当然，由于北京地区地形复杂，山地占总面积的3/5，平原只占2/5，因而形成山区与平原气候的明显差别。

就是在这样的自然条件下，北京孕育了世界上最先进的原始人群——周口店北京人，缔造出中国历史上最重要的城市和恢弘灿烂的东方文明。

上海是怎么诞生的

上海是一座美丽的国际大都市，它坐落在长江口的南岸，一万年前这里还是汪洋大海，五六千年前这里还是一片沙滩，它是怎样变成陆地的呢？

约在一亿八千万年前，上海就是古老的大陆架——扬子台地的一部分。到了六千万年前，上海和我国东部其他地区一样都经受了强烈的地壳运动，地下炽热的岩浆沿着地壳的破裂处涌出地面，形成了一些山丘，这就是今天的佘山、天马山等九峰。以后，上海地区地壳的趋势是逐渐沉降，于是长江带来的泥沙就一层又一层地淤积在这块陆地上，形成了多层重叠的古三角洲。距今一万年前的大理冰期结束后，冰川消融、海面上升，古三角洲的大部分又沦为浅海。其后，海面的上升速度渐渐减缓，而泥沙的淤积速度超过了海面上升和地面下降的速度，于是开始了新三角洲的发育。

距今五六千年前，长江口还在今天的镇江、扬州一带，海湾北岸沙嘴从江都向东北延伸，至海安李堡附近与岸外沙堤连接，形成了里下河低洼地区；南岸沙嘴自江阴以下向东南方向延伸，与钱塘江北岸沙嘴连接，使海湾封闭形成潟湖，最后葑淤成太湖平原。当时的海面已经接近目前的水平，但是海岸线只在福山、梅李、支塘、太仓、外岗、黄渡、盘龙镇、漕泾一线。

1969年冬天，上海农民在马桥境内开挖俞塘河，挖到两米深的地方发现了大片堆积得很厚的贝壳沙层，一般厚有40厘米，最厚处达1米半，越向东去，贝壳沙层越薄，这条南北向的贝壳沙堤就是当年的海岸线。由于长江泥沙的淤积和波浪、潮汐的顶托作用，沿着海岸线形成了几道平行的沙与贝壳混合构成的堤岸，在有些地段，这些堤岸已被埋入地下，有些地段现在还高出地面一两米，民间俗称"冈身"。冈身在松江故道的北面并列有5条，最西边的一条在太仓、外岗、方泰一线，最东边的一条在娄塘、嘉定、马陆、南翔一线，东西相距6~8公里；冈身在松江故道的南面并列有三条，分别称为沙冈、竹冈和紫冈，最西边的一条在马桥、邬桥、漕泾一线，最东边的一条在诸翟、新市、柘林一线，东西相距1~2公里。

冈身上的马桥遗址年代约为距今四千年左右，冈身以西则分布着许多距今六千至四千年间的新石器文化遗址，而冈身以东从未发现过东晋以前的文物，这说明冈身在五六千年前已经形成，而且一直维持到公元3世纪也没有发生过大的变化，它意味着在这一个历史时期内长江流域的生态非常良好，植被茂盛，水量丰富，江水含沙量少，所以水下三角洲尚未堆积，河口三角洲也没有发育。

但是从公元4世纪东晋南渡以后，长江流域逐步得到开发，于是森林遭到了破坏，造成水土大量流失，长江口泥沙沉积速度也加快了，长江南岸沙嘴也就不断地向东推进，东晋时修筑的沪渎垒已在冈身以东约10公里的地方了。

唐代在北起宝山的盛桥、月浦、江湾，中经川沙的北蔡，南至南汇的周浦、下沙、航头一线，形成了一条与冈身平行的沙带，在北蔡西南、沙带内侧的严桥发现了唐代遗址，这说明到公元10世纪的唐代，今天上海市区的大部分都已经成为陆地了。

宋代海岸继续向东推进，北宋时从吴淞江口到海盐一线筑了长达75公里的捍海塘。到南宋，这条海塘历经百年已经损坏，于是又修筑了里护塘，其走向大约北起高桥，南经川沙、祝桥、南汇、大团、奉城直至柘林。近年来在里护塘内侧的高桥和惠南镇都发现了南宋的墓葬，大团镇西也发现了大量宋元瓷片，这说明里护塘实际上是宋代的海岸线。从东晋到南宋才八九百年，海岸线从冈身到里护塘就向东推进了30多公里，而东晋前的两三千年间冈身只向东移动了几公里，可见江南地区的开发对长江的影响之大。

宋代以后，长江主流改由崇明岛以北的北支入海，南岸沙嘴因泥沙不足而伸展缓慢，所以推进幅度不大。明代万历年间，在里护塘外侧修筑了外捍海塘，向外伸展最远的还不到五公里。清雍正年间，南汇知县钦连重新整修了外捍海塘，所以它又被称作钦公塘。光绪年间，在钦公塘外增筑了外圩塘，解放后在其基础上兴筑了人民塘，这就是今天的海岸线。

山西为何多"大院"

散布山西的百年民宅知多少？由于经历了明末清初一系列战争的破坏，现存的山西明代宅院较少，而保存较完整的大多是清代山西商人的豪宅，如清代金融中心祁县、太谷、平遥几县，交通沿线上的阳泉、介休、灵石、襄汾等地，除了对外开放的几处宅院群落之外，还有许多散落的老宅院，有些甚至藏在深山僻壤，有待于进一步认识和开发。

明代的经济政策对河东盐商和泽潞冶铁商人最为有利，明代晋商的代表当属晋南盐商和泽潞铁商。清代以旅蒙商人和票号商人最为风光，清代山西富商大多是集中在晋中一带的票商和贸易商人。这些大商人曾经都建筑了豪华富丽的大宅子。明代山西的盐铁商人最为活跃，遗憾的是，他们当年的大宅子在兵燹战火和社会动荡中化为乌有。

随着明代手工业、商业的蓬勃发展，平遥城内作坊四起，商贾云集。商品经济的发展，推动了建筑业的发展和建筑工艺水平的提高。清代中叶以后，平遥城里的票号典当业迅速兴起，更加丰富了城市建筑的内容，新兴的商家都在扩建具有更多功能、具有更强商业竞争力的店铺；凭经商而发迹的人们，大兴土木，重振家园，城乡民居建筑的质量和档次因此迈上一个新的台阶，华美宏大、匠心独运的建筑撒落在繁华的市面上，遍及平遥城的大街小巷中。在明代城墙的护卫中，富商大贾的宅院林立街头巷尾，成为平遥古城献给人类的珍贵文化遗产。

平遥城里现存的四合院达3000多处，其中完好者有400多处。规模较大的十几处古宅老院，包括有日升昌票号第一任总经理雷履泰于道光年间在城内上西门书院街的宅子，有西门外的冀氏在明清两朝几百年间陆续修建扩建的鲤鱼跃龙门院子，有天成亨票号首任总经理侯王宾在沙巷街的老院子，有侯王宾之子侯殿元的"七间七檩"宅,有与日升昌争辉的蔚盛长票号掌柜程遵濂的旧居,有清末民初平遥城里有名的"兴隆义"布庄、钱庄的东家赵大第的院子,有晚清平遥最有名气的文人王沛霖的宅第……这些古宅老院,就是明清众多山西宅院的最好注脚。

等级制度是中国封建政治体制中最显著的特点,与此相对应的宫殿、庙宇、住宅文化也充分地体现出这个特点。山西宅院中的等级观念的体现,可谓是淋漓尽致。山西宅院多为左右对称的正偏结构,正院上高下低,中庭开阔,尊卑有序,等级分明。正院宽敞,正房高大,厢房低于正房,也小于正房。

以太谷曹家宅院为例,正院都是四合院,正房必设在正院里,正房的屋顶比厢房高,台阶比厢房也多一两级。账房院,与主人居住的屋舍相比,就要低矮简陋得多。账房不论是正房还是厢房,门前大多不设台阶,即便筑台阶也只是一级台阶而已,以示其地位低主人一等。偏院则是紧靠正院厢房墙壁修建的一排低矮的东西房,供佣人、保镖、厨子们居住。偏院院子狭长,通往正院的门闩都安装在正院的一面,这样主人可以随时到下人住处走动察访,下人则不得随便出入正院,下人的活动受到严格控制。在晋中的几个商家大宅院里,这样的格局都是非常突出的,充分体现出封建社会的等级观念和礼制要求。

台阶或踏道,也因居住者的身份而出现差别。宋人李诫的《营造法式》中,对台阶有专门的尺寸规定:"造殿阶基之制,长随间广,其广随间深,阶头随柱心,外阶之广,以石段,长三尺,广二尺,则方三寸五分,其上下叠涩,每层露棱五寸,束腰露身一尺,用隔身版柱,柱内平面作起突壶门造。""造踏道之制,长随间之广,每阶高一尺,作二尺踏,每踏高五寸,广一尺,两边副子各广一尺八寸。如阶高四尺五寸至五尺者三层,高六至八尺者五层或六层,皆以外周为第一层,其内深二寸,又为一层,至平地,施土衬石,其广同踏。"这种营建方式虽然是为宫廷建筑而设置,但到明清时期,已经广泛用于民间的豪华宅第。从山西宅院里,就可以看到这样的规格尺寸。最直观地看,就是主人居处的台阶级多、阶宽、台高,下人居处的台阶低下简陋，也就是通常说的什么等级的人，住什么等级的房。

明清山西宅院的庭院大都是方砖墁地，方砖的尺寸规格多为见方三四十厘米。等级越高的建筑，铺地的要求也越高。铺

△ 山西乔家大院

砌地面时，工匠必须严格遵守磨砖对缝的要求，有的还要在砖缝中挂上油灰。油灰的主要成分是白灰和桐油，以保证地面的牢固耐用。考究的地面在铺砖之后，还要涂刷几遍生桐油，保持表面光滑美观。明间的中线上须用整砖，不可以对缝。而在游廊或室外铺地时，除了中线上必须用方砖之外，边上可以配砌小砖，院里十字甬路的中线上要用方砖，边上也可铺设小砖，舒解一下等级制度建筑的沉重压迫感，营造轻松活泼的氛围。年年岁岁生长在大院砖缝中的小草，随着循环往复的自然规律，对院落的兴衰和主人的变易，或许早已经淡忘。

封建时代严格遵行男尊女卑的纲常观念，"唯女子与小人难养"的旧观念在山西宅院建筑中打上了深深的烙印。小姐的绣楼通常修建的低矮狭窄，虽说是精致小巧，却也有旧时不许女子出人头地、女子个性不得张扬等传统说教隐喻其中，束缚女性的三纲五常、三从四德在宅院建筑中得到充分体现。太谷的曹家宅院将绣楼缩进几尺，以限制闺阁中人的视线，从建筑上阻断她们左顾右盼，禁锢她们的思想，这也是封建时代对女性的要求，遵从礼教，淹没个性，忍让退缩，随父随夫。歧视女性的建筑文化，即便到了民国仍然没有大的变化。如定襄河边阎锡山故居中，被主人珍视一生的五妹子的绣楼，建在一个视线非常狭窄的地方，虽说五妹子来此居住的日子屈指可

数，但从房屋收缩、低矮简陋的格局来看，仍然没有摆脱女性从属的可悲地位。

明清山西宅院建筑中，对风水也是颇为讲究的。建院前，先请风水先生堪舆选址，起根脚、上梁时，要祭拜天地、鸣炮示庆，墙腿刻"泰山石敢当"，或者在门前立一石敢当，房后立一避邪镇妖之物，求得心理上的平衡安慰。祁县乔家宅院从一号院的院门向里走时，地平线逐一抬高，至尽头的正屋，还要修建几级踏步，既迎合了风水术中"前低后高，子孙英豪"的说法，又符合建筑物的内在要求。明清时的山西许多民居建筑物，多为负阴抱阳、背山面水的特点，背山可以迎纳阳光和温暖气流，面水可以迎接夏日的凉风，向阳可以采纳良好的日照，缓坡可以避免淹涝之患，建造良性循环的小气候。这既有科学的一面，也有媚俗的成分充斥其中。

自宋代以来，阴阳五行、八卦风水说在北方极为流行，住宅的平面布局很大程度上依五行八卦决定，如宅子的地势如果与四神相应，最为吉祥，可以增福添寿。古代神话中，青龙、白虎、朱雀、玄武称为道家四灵，分别代表东西南北四个方位和青白红黑四种颜色。古人认为，东为上为阳，西为下为阴，左（东）青龙、右（西）白虎、前（南）朱雀，后（北）玄武。"宁让青龙高三头，不让白虎压一筹"，所以风水里就有"东高西低，阴不压阳"之说。而且还强调建筑物的后部气势要高，东边青龙有流水，西边白虎有道路，前有朱雀把门，后有玄武镇守，这样的宅子才算是福宅。

基址确定之后，还要请风水先生相宅。风水先生根据建房者的生辰八字，决定住宅中轴线的角度，先用罗盘定准正南正北向，再向左或向右调偏一定角度，叫做抢阳或抢几分阳。这是说主人的命不够硬，朝正南建房，恐承受不起，普天之下只有皇宫才可以朝正南开门。一经确定正院、正房的位置和尺寸，其余厢房、倒座房、偏院各房就可依照一定的程式迭减，全院的格局也就基本上确定了。"仁者乐山，智者乐水"这一圣人教诲，早已渗透到几千年中华文化的方方面面，选择宅基地的首要标准是背山面水，宅主人既要享受仁者的崇高，也要享受智者的惬意。这种选择，既是地理的原因，也有生活方便的考虑。

 **永远不倒的万里长城之谜**

中国的万里长城在世界上是鼎鼎有名的。它是一道中原汉族统治阶级抵御北方游牧民族的巨大屏障。只要北方的游牧民族攻破了这道强大的关口,越过长城,那么中原、包括长江以南的江山就难保不被吞并。所以长城从战国时期一直修到明朝,说到修建的时间之长,工程之巨,世界上几乎没有任何建筑能与之相比。

长城的用途主要是防御北方游牧民族的侵扰。因为当时游牧民族没有固定的居处,相对中原王朝来说还处于生产力相当低下的阶段,有的部族经常劫掠外族,侵犯内地,对中原的农业生产和社会安定造成很大威胁。在古代作战主要靠骑兵和步兵的条件下,高大的城墙便成为安全的屏障,有军队把守就更难逾越。长城的修建,还有利于开发屯田、保护屯田,促进边远地区生产的发展,保障通讯和商旅往还的安全,方便了文书的传递、使节和商旅来往。

早在战国时代,七雄之一的北方强国燕国便修建了易水长城,位置在燕国南部边界,大致相当于今河北易县西南,向东到文安县,长约500余里。修这道长城的起因是燕国受到北面相邻的东胡山戎的威胁。燕国曾把一位著名的将军秦开作为人质送给东胡,以求一时安定。东胡人对秦开很信任。后来秦开回燕国,发兵大攻东胡,把东胡赶出一千多里以外。此后燕便筑起北界长城以防东胡的骚扰。当时也有其他国家修筑长城,后来秦始皇修万里长城时,就把一段段六国长城连接了起来,这才有了"万里长城"的名称。

这座秦长城,在今天的长城以北很远的地方。据史料记载,秦统一六国后,秦始皇派蒙恬将军带30万人,北伐匈奴。蒙恬斥逐匈奴后,沿黄河、阴山设立亭障要塞,北面和东面连赵、燕的旧长城,西面利用秦昭王的旧长

中国地理未解之谜

△ 万里长城

城，连接起来，西起临洮（今甘肃省南部洮河边），东到辽东，绵延万余里。

秦始皇修万里长城，对于防止匈奴的骚扰，保障北部十二郡的开发，保护中原地区经济文化的发展，是具有积极意义的，但是使用民力太多。当时全国人口约2000万，男劳力仅500万左右，仅是修始皇陵、阿房宫就占150万人，筑长城约五十万，加其他杂役共300万人，占全国男劳力的一半以上，人民活不下去，就起来造反。于是秦朝成了中国历史上最早夭的朝代之一。

秦始皇修长城时，民间就流传着一首《长城歌》："生男慎勿举，生女哺用脯。不见长城下，尸骸相支柱？"歌词意思是说：生了男孩千万不要养活，生了女儿就好好地用肉干喂养她。因为男孩长大就要被抓去修长城，再也不会回来。你没看见那长城脚下的尸骨都堆积成山了吗？这首诗反映了秦始皇修长城给劳动人民所带来的深重灾难。

长城本来没有什么错，但统治者通过修筑长城给老百姓带来的痛苦是不应原谅的。孟姜女哭长城的故事至今在民间广为流传，山海关上还建有姜女庙。据修庙的主事人张栋在他的《贞女祠记》中说：孟姜女姓许，陕西同官人。丈夫范祀梁被秦始皇抓到北方修长城，姜女做寒衣万里寻夫，迢迢远道找到长城脚下时，丈夫已死，埋在长城之内了。她痛哭了几天，终于哭倒了长城。孟姜女哭长城的故事，最早是从杞梁妻的故事演变过来的。相传春秋时齐大夫杞梁战死，他的妻子放声大哭，说："上则无父，中则无夫，下则无手，人生之苦至矣！"祀城终于被她滂沱的泪水哭倒。唐朝僧人贯休写了一首《杞梁妻》，把她和秦始皇筑长城的事联系了起来。诗里说："秦之无道兮四海苦，筑长城兮遮北胡。筑人筑土一万里，祀梁贞妇啼呜呜。上无父兮中无夫，下无子兮孤复孤。一号城崩塞色苦，再号祀梁骨出土……"从此孟姜女寻夫哭长城的故事就流传开了。从这些诗歌和传说中可以看出，长城这一伟大的建筑，确是我国古代劳动人民用他们的尸骨和土石建造起来的。

我们目前所见到完整的长城是明朝修筑的，而秦长城则废弃在风沙肆虐的荒野，所以对大多数普通人来说，秦长城，或者说早期的长城是什么样子，就成了一个未知之谜。从现在临洮北边秦长城遗址可以看出，最下一层是生土，生土上有一层压得非常坚实的黄土，黄土上筑起有夯土层的城墙，夯土层为黄色黏土夹碎石。两千多年前的人们就是用这样简陋的夯筑办法创造了人类建筑史上的奇迹。

汉代因北方匈奴经常入侵，从汉文帝汉景帝开始，就继续修缮秦长城。汉武帝时，国力强盛，公元前121年霍去病将军击破匈奴，匈奴昆邪王率4万人来降，武帝以河西地置武威、酒泉两郡，开始筑外长城（即河西长城），前后不到十年，便建成了两千多里长的河西长城，与秦长城相加，从敦煌到辽东11500多里。汉武帝还改进了长城的布局，在相隔一定距离时，选择险要地形，修筑列城、城障，用烽火相连。武帝以后，昭帝、宣帝继续筑城，发民屯垦。最后修成一条全长近2万里的长城，城堡相连，烽火相望的长城防线。在修筑长城的同时，汉朝大力推行屯田的政策，把人民迁移到长城地带，开垦荒地，兴修水利，使西部边疆得到迅速开发，这才有了以后丝绸之路的繁荣。

从南北朝到元代，中间有很多王朝都修过长城，但规模都不如秦汉时代。而明朝200多年中，差不多一直没有停止过长城的修筑和巩固长城的防务。朱元璋从开国建国号的第一年（1368），就派大将军徐达修筑北京北面居庸关等处的长城。1381年又修筑山海关等处长城。此后共计大规模修长城达18次之多，到1500年基本完工，全长12700余里，东起鸭绿江，西达嘉峪关。

明长城的特点是：在重要的关隘地方，特别是在居庸关、山海关、雁门关一带修筑了好几重城墙，多的达到二十几重。并在长城南北设了许多城堡、烽火台，用来瞭望敌情，传递警报。长城对明朝的意义在哪里呢？明朝建立以后，原来的统治者元蒙贵族逃回蒙古，不断南下骚扰掠夺，东北又有女真族兴起，所以明王朝十分重视北方防务。朱元璋在即将打下江山的时候，采纳了朱升"高筑墙、广积粮、缓称王"的建议，对修筑各地城墙狠下工夫。全国务州府县的城墙都用砖包砌，修得十分牢固，长城的工程当然就更为浩大。

长城的建筑主要是利用地形，就地取材，有山的地方，尽量利用陡险的山脊，外侧峭直，内侧平缓。并开山取石，凿成整齐的条石，内填灰土和石灰，非常坚实。黄土地带主要用土夯筑。沙漠地带用芦苇和红柳枝条层层铺沙粒小石子，例如玉门关一带的汉长城就是如此，保存下来的城墙，沙粒石子已经压实，不易破坏，有些沙石与苇枝黏结在一起，相当坚固。望楼的阶梯则用几十层纤维黏叠而成。明朝的长城在重要地段用砖石垒砌，就地开窑厂烧砖瓦，采石烧石灰。

许多人虽然到过明长城，名正言顺地成了"好汉"，但他们未必了解明长城的建筑结构。明长城的建筑与军事防御体系是相配合的。例如明代在长城沿线设有军事管理区，叫做镇，由总兵和镇守指挥本镇所辖长城沿线的兵马。有的镇下面还设"路"，驻守在重要的关城地点，路的头目叫"守备"。如山海关路，守备驻守在山海关城里，管附近十几处关隘。关隘即关塞和隘口，是长城线上的重要据点，一般都选在险阻的地方。两山之间的狭窄通道称为隘口，在隘口筑城设险堵塞通道，就称为关塞。重要关口由守备把守，次要关口设千总把守。沿长城还有城、堡、障等防御建筑。

"城"是与长城紧密相连的防御性城，它不同于州城和县城，面积不大，相距几十里不等。"障"是比城更小的小城，主要住兵，也可有居民。"堡"是驻防的守兵住所，设"百总"或"把总"看守，守兵数目由几十人到上百人不等。有些堡内有烽火台。长城两边还有烽火台（又称烟墩或墩台），有的紧靠长城两侧，也有在长城以外向远处伸展的。台上有少数守兵，白天燃烟，夜间放火。烽火台是一个独立的高台子，台子上有守望房屋和燃烟放火的设备，台下有兵士住的房子和羊马圈、仓房等建筑，大约十里一个烽火台。汉朝的烽火台在台上竖一个高架子，上面挂个笼子，里边装上干柴枯草，夜间放火，叫做"烽"。台上堆着许多燃烟的柴草，白天点烟，叫做"燧"。唐代则在台上安火炬，各离二十五步，每台四个土筒，各高一丈五尺，点火烟时，一个炉筒一人开闭，称一炬，根据敌兵多少决定放几炬，不满千人放两炬，三千以上放三炬，一万以上放四炬。明朝在此基础上又有改进，除了放烽烟以外，还加上硫黄、硝石来助燃。

长城的城墙随地形决定高低，地势陡则矮一些，地势缓就高一些。墙身内侧隔不多远就有一个圆形拱门，门里有砖石梯通到城墙顶，供守城士兵上下。墙顶外侧砌成垛口，古代叫雉堞，上有了望口和射眼。城墙上每隔一定距离还有一个突出墙外的台子，叫做墙台。墙台是平时守城士卒放哨的地方，里边可住守城士卒，储存武器。这种墙台是明代名将戚继光发明的。

这么巨大的工程需要耗费天文数字的人力物力，的确不是一个朝代就能完成的。在遥远的古代，生产和安全条件如此艰苦，那些修长城的劳力不知运用什么技术手段完成了这一世界奇迹建筑。我们通过史料得知，修长城的劳力主要是戍防军队，其次是强征的民夫，第三是发配充军的犯人。秦汉时有一种刑罚叫"城旦"，就是罚去修长城的人，白天看守巡逻，夜里修筑长城，十分辛苦，这种刑罚一般为期4年。明代修长城时没有施工和运输的机械，主要靠人力搬运，大条石一块就有2000多斤，大城砖一块也有30多斤，内含沙石子，非常坚硬，石刻不动。搬运方法主要是排成长队传递，也采用了手推小车、滚木、撬棍、绞盘等简单的工具。有时还利用畜力替代人力，传说八达岭在修建过程中，曾让毛驴驮着装满石灰的筐，在山羊角上系了城砖"挑"上山去，代替人力运输。但大量的工作还是靠人力完成的。说长城凝聚了中华民族千年的智慧和血泪，是一点儿也不为过。

九塞尊崇第一关雁门关之谜

在金庸先生的《天龙八部》中,有这么一段描写:

阿朱忽道:"萧大爷,江湖上刀头上的生涯,想来你也过得厌了,不如便到雁门关外去打猎放牧,中原武林的恩怨荣辱,从此再也别理会了。"

萧峰叹了口气,说道:"这些刀头上挣命的勾当,我的确过得厌了。在塞外草原中驰马放鹰,纵犬逐兔,从此无牵无挂,当真开心得多。"

萧峰企盼到雁门关外打猎放牧,和阿朱厮守终生,因为雁门关外便是辽阔无边、令人自由舒畅的大草原,这足以使他忘却发生在中原的伤心往事。雁门关处于中原和蒙古高原的交接地带,历史上汉族农业文化和游牧族草原部落文化在这个地带相互撞击,相互融合。因此,它也是历代各族统治阶级激烈角逐的战略要地。

单从"雁门关"的名字,就可以想象它有多么险峻了。雁门关处于地势高峻的双峰之间,只有大雁才能飞过。雁门关在山西代县西北20公里的勾注山上。由代县徒步循城东的关内河上溯,可直达雁门关上。雁门关城楼约有1公里,城垣高7米,不愧为塞外雄关。城门有两个,东门楼称"雁楼",匾额上书写着"天险"二字,门外建李牧庙;西门楼称"杨六郎庙",匾额上书写着"地利";另有一南北石门,匾额上是"堰门关",砖联是"三关冲要无双地,九塞尊崇第一关"。关外长城曲折蜿蜒,一派雄壮巍峨的景象。置身其间,令人心潮澎湃,回味无穷。然而,这座当地的名胜、海内外游子所归趋凭吊的古关,却是宋代的关址和明代的遗存。

其实,雁门关在此之前早已有之,根据史料,雁门关至今已有2456年、至少也有2302年的历史了。汉魏时代已经称雁门塞,《魏书》上说:"(汉)熹平六年(177)……匈奴中郎将臧旻与南单于出雁门塞。"所以雁

△ 雁门关

门关的历史年龄应予重新认识,恐怕山西代县的雁门关并非最早的雁门关。近年来,考古学家在雁门关外发现了防御契丹骑兵的宋代铁蒺藜,那么当今雁门关应该是始建于宋、重建于明的雁门关。那么,古雁门关在今天的什么地方呢?

在当今雁门关西南约5公里处,有一个当地习称"铁裹门"的山口,很可能这里就是古雁门关遗址。铁裹门是一个顶宽30米、底宽5米、谷深20米、东西长50米的巨大壑口。铁裹门南面山岭上,延伸二百米为人工修治过的平台,有战国和汉以来诸多遗物。

铁裹门南面有一人工圆锥形堆积物,上面一片狼藉。附近村中老人说,这圆锥形"祖先传说叫古坟,埋了死人,里面有宝贝。铁裹门是孔子时代修的,走过车,叫车道渠"。铁裹门两边山势最陡,只能通过一辆车,故穿凿以度。由铁裹门远眺,四方尽收眼底,军事地形非常有利。不远处战国赵长城的颓垣依稀,也许古关和古长城便是古代防卫体系里的一对搭档吧!

中国地理未解之谜

天下第一关山海关之谜

长城的第一关是山海关，在秦皇岛市东北15公里，处于渤海湾尽头。1381年魏国公徐达在此创建关城，设立卫所，因关城处于山海之间，始名山海关。这里是华北和东北之间的咽喉要冲，地势险要，历来为兵家必争之地。

山海关城是四方形，有四座关门。东城门就是"天下第一关"。关口是一座高12米的长方形城台，东西向，东边即关外，西边为关内。南北连接长城。城台中间有一座巨大的砖砌拱门，有关门可以开闭。城台上筑楼，高13米，宽20米，深11米。上层额枋前悬有"天下第一关"的巨幅匾额，楼下是山海关的东城门。"天下第一关"每个字高1.6米，笔力雄浑，过去讹传为严嵩所书，其实是明成化八年（1472）进士、本地人萧显所书，原匾藏在楼下，楼上收藏光绪八年摹刻的匾，楼外悬挂的是1929年摹刻的。抗战时日本人想把原匾偷走，当时百姓设法将匾藏在西大街文庙大成殿内，才得以保存下来。

说到山海关，就不能不说说吴三桂。明末李自成将明朝山海关总兵吴三桂官兵逼到山海关西罗城下，当时已有一支明朝守关军队起义，山海关眼看攻下，可是关键时刻吴三桂投降了清朝，出关迎接多尔衮入关。明军与清军合力攻打农民起义军，迫使李自成撤退，于是清军从洞开的关门驰入中原，明王朝就此灭亡。

吴三桂既不是寻常所见贪生怕死之人，也不是如诗人所想言的，"冲冠一怒为红颜"，才叛变。

吴三桂的一生几乎全都是在马背上度过。前半生（从1~32岁）在明末，是"旧朝之重镇"；后半生（33~67岁）在清初，是"新朝之勋臣"。这个人,事明背明,降清叛清,可谓"里外不是人"。作为"明末悍将",吴三桂出身辽东豪族、武功世家,不但弓马娴熟,还世受皇恩,幼承庭训,满脑子全是忠孝节义(他16岁时曾闯围救父,有忠孝之名)。手下的子弟兵

△ 山海关

也是明军中的王牌,战斗力最强。可是当明清鼎革之际,官军同流寇交攻,外患与内忧俱来,他所处环境太微妙。当时明、闯、满成三角之势,螳螂捕蝉,雀在其后,他非联闯不足以抗清,非联清不足以平闯。况以兵力计,闯兵号称百万,满兵也有十万,三桂之兵则仅四万,无论与谁联合,都势必受制于人。三桂置身其间,实无两全之策。再者,从名节讲,他投闯则背主,降清则负明,也是横竖当不成好人。

在历史的紧要关头,吴三桂别无选择又必须选择。事实上,但凡人能想到的他都一一试过。最初,闯围京师,崇祯决定弃宁远而召吴救援,他卷甲赴关,但明朝已然灭亡,他想救也迟了。接着,他也考虑过投降李自成,但农民军入城后抓捕拷打明降官,疯狂抢掠金帛女人,令他望而却步。当他得知老父遭刑讯,爱妾被霸占,亲属备受凌辱之后,只好断此念头。然后,死他也想过,但被众将吏劝阻。对道学家来讲,自杀不但是保存名节之上策,还兼有正气浩然的美感,但对一个统率三军的将帅来说,却往往是最不负责的表现。只是在所有的路都走不通,并且面临李自成大军叩关的千钧一发之际,他才决定接引清兵。

情况更为复杂的是,据学者考证,即使吴三桂的接引清兵在初也并不是降清而只是联清。其实,他在威远台与满人盟誓,完全是效申包胥救楚,

实际上只是以明不能有的京畿地区换取清出兵平闯，达成分河而治的南北朝局面。这与南明弘光政权的立场其实完全一致，也是"阶级仇"超过"民族恨"，"安内"胜于"攘外"。因此以王朝的正统观念来看，非但无可指责，还受到普遍赞扬。

吴三桂早就是满人物色已久、必欲得之的将才。在此之前，他的舅父、姨父、兄弟、朋友，很多人早已降清，皇太极本人和他的亲友曾去信劝降，许以高官厚禄，他都没有投降。后来闯陷京师，他宁肯考虑降闯，也没有打算降清。细想之，这中间固有利害之权衡，但也不乏名节的考虑。因为他的家属，包括老父、继母、弟妹共三十余人，俱困北京，于明朝于闯王都是人质，如果当初弃明降清，不但全家遇害，还得落个"不忠不孝"之名。

但是现在情况是：和闯王联手已经不可能，明朝中央政权也已崩溃，吴三桂明知降清所付出的代价很大，也不惜挥洒作书，与父诀别，忍看全家被闯王杀死，但至少名节无亏。然而吴三桂的悲剧在于，虽然从愿望上讲，他本人想假借清军延续明朝势力，但多尔衮却不想这样做。满人夺取北京后并没有打算就此罢手，而是长驱直入，席卷天下。多尔衮的主意很清楚：你吴三桂不是想报"君父大仇"吗？好，我就让你去报，正好让他"为王前驱"。吴三桂既然选定了这条险道，当然也就身不由己，从剃发为号到拒见南使，从追杀李闯王到进军西南，终于一步步变成最大的汉族降臣。闯王是平了，仇是报了，但明也灭了。

对明朝的灭亡，吴三桂当然起了关键作用。但我们与其说它亡于清，不如说它亡于闯；与其说它亡于闯，不如说它亡于己。明朝上下，从廷吏到边将，从流寇到遗臣，叛服无定，内讧不已，乃自取灭亡。吴三桂本想救明却导致覆明，正说明了它的不可救药。

历史的血雨腥风都随着岁月烟消云散了，今天我们登上山海关城城楼，可以看到长城从角山盘旋而上，伸向渤海之中的壮观景色，一种恍若隔世之感油然而生。

塞外雄关玉门关之谜

一提到玉门关，人们便会联想起大漠孤烟、缭绕烽火和离愁哀怨的画面。这在很大程度上是由于唐代诗人王之涣那句"春风不度玉门关"给我们的印象太深刻了。

其实，1000多年前，玉门关是一个繁华的边关。那里万里晴空鸿雁高飞，茫茫旷野驼铃急促，商队络绎不绝，旅客川流不息。沿着这条道路，中国把美丽的丝绸、精致的瓷器、特产的茶叶、独到的中草药、率先发明的火药、造纸和印刷术通过这条"丝绸之路"运到世界各地。同时，中国又从"丝绸之路"上学习和输入了不少有用的东西，例如苜蓿、菠菜、葡萄、石榴、胡麻、胡萝卜、大蒜，无花果等原来没有的作物，渐渐从西域到内地落地生根。汉朝时，从伊犁河流域引进乌孙马，从大宛引进汗血马。从丝绸之路还传来了西域各地和国外的音乐、舞蹈和宗教，使中华文化艺术吸取了新的养料。

玉门关地处"丝绸之路"的咽喉要道，控制这河西走廊迤西的北线。翻开地图，在甘肃西部边陲地区不难找到"玉门关"。然而，这是现代的玉门关市，它与历史上的玉门关名同实异。现在的玉门关市，是祖国大西北的一座石油城。

在较为详细的地图上，还可找到玉门关市郊的一个"玉门关镇"，然而，这是唐代的玉门关旧地，还不是汉代始建的玉门关城。玉门关到底在哪里呢？岁月沧桑又把它打扮成了什么模样？近百年来，中外热衷"丝绸之路"历史学家和考古学家，纷纷驰骋于大漠之中，对这千古之谜进行了不懈的探索。

根据古籍记载，玉门关在敦煌西北约80公里的地方，人们在这一带的

中国地理未解之谜

△ 玉门关遗址

荒漠之中，发现了一个名叫小方盘的土城堡，它曾经被认为是汉代玉门关遗址。登上古堡远眺，它的北面有北山横亘天际，山前有疏勒河流过。残存的汉长城由北向南，连贯阳关。在这里还发现过写着"玉门都尉"的木简。看起来像是"铁证如山"，小方盘定是玉门关无疑。

然而，对这座里面仅有几间土房，大小与北京的四合院相差无几的古堡，今天也有人提出了质疑：难道当年设有重兵守备的、通往西域的重要交通孔道，竟是这样的一个小据点？

虽然人们对于汉代玉门关的故址莫衷一是，但是人们宁愿把这仅存的古堡视为玉门关的遗迹。千百年来，多少人千里迢迢来到这里瞻拜，登上古堡，遥望大漠，追忆祖先的光辉业绩。在古炮台上，人们会思念起汉朝大将李广利挥麾旌旗浴血奋战的壮烈场面，可以"听到"唐朝诗人王昌龄"黄沙百战穿金甲，不破楼兰终不还"的豪迈歌声。

夜郎古国的确切位置在哪里

"夜郎自大"这个成语来自司马迁的《史记》。原文是："夜郎王与汉使曰:'汉孰与我大?'"这样,"自大"的名声也就落在夜郎头上,一戴就是2000多年。然而有关它的历史情况,知者并不多。

"夜郎古国",不管它是一个阶级社会的产物——国家也好,或者仍然不过是一个原始部落联盟也好,至少在战国时期至西汉河平年间,的确存在了250多年。"夜郎王"虽因说了"汉孰与我大"的话,以致贻笑近2000年。不过,从当时"西南夷君长以什数,夜郎最大","所有精兵,可得十余万"等情况看,他确实是有自大的理由的。

不过,"夜郎古国"距今毕竟2000年了,在中国正统史家的笔下,对这样一个化外"南夷"小国的事迹,虽有记载却往往语焉不详。加上以后以"夜郎"为地名者,时过境迁,远非当年旧地。这就使后来的学者众说纷纭,连"夜郎古国"的确切位置,也无人能道其详了。

近年来,随着"夜郎史"专题研究的开展和深入,对有关"夜郎"地望、族属、社会性质等一类问题的了解有了较大进展。在这方面,首先是采用对有关史籍上的记载进行考订的传统方法。人们根据范晔的《后汉书·南蛮西南夷列传》所载:"西南夷者,在蜀郡徼外有夜郎国,东接交趾、西有滇国,北有邛都国"和《云南通志·夜郎考》的考证,先画出一个"大夜郎国"的范围来,其范围大致在今贵州(除去东北部)、广西西北部、云南东部及四川南部边缘一带。又根据《史记》记载:"夜郎者,临牂牁江。"将探索范围进一步缩小,进而寻找"夜郎国"及其"国都"之所在。

关于"夜郎国"及其"国都",一种看法是沿袭清人郑珍在《群柯十六县问答》(载《遵义府志》)一文里提出的"今安顺府地即汉夜郎县"这一

△ 夜郎国古迹——夜郎谷

观点而稍作发挥，或说在安顺北部；或说在安顺、镇宁、六枝一带；或说在安顺县东南广顺。

另一种看法则认为："夜郎国"及其中心区应在今黔西南州及六盘水地区，其东南境到贞丰、望谟、册亨一带。有人还依据《安顺府志》和《威宁县志·夜郎县考》上的论述推断：西汉成帝河平中，群舸太守陈立斩"夜郎王"兴时所到的且同亭，就是"夜郎国"的政治、军事机构所在地，它约在今贞丰、望谟一带，甚而指称"与北盘江会于贞丰之者香，即夜郎国都也"。

不过，围绕古代典籍有限记载进行考订的传统方法，已经难以有新的突破，即如上述几种观点，大都只是沿袭明清学者的说法而已，且其中多有难以自圆之处。自新中国成立以来，贵州、云南等地的考古发现，则为探索夜郎故地打开了新的局面。几十年来，在贵州清镇、平坝、安顺、赫章、兴义等11个县内，已发现不少汉代遗址和汉墓等。如安顺县东南宁谷公社汉墓就有百座以上。众多的考古发现，不仅证实了"夜郎古国"的存在，而且还印证了"夜郎国"中心在贵州西部偏南地区的文献考订。尤其令人振奋的是，《史记》、《汉书》都提到过的"西南夷君长以百数，独夜郎、滇受王印"中的"滇王"之印，早在1985年已从云南晋宁石寨山六号墓中发掘出来。我们可以期待，随着贵州地方考古工作的全面展开，虽然不一定能将2000年前的"夜郎王之印"和《华阳国志》上留名的"夜郎庄王墓"发掘出来，但一定会有越来越多的古夜郎遗物、遗址重见天日，且为我们提供更多、更有说服力的有关材料。

此外，从民族学的领域切入是解开"夜郎"古国之谜的又一突破口。因为在夜郎这块土地上生活过的越人、濮人及少数氐羌人等，他们或是今天仍生活在贵州、云南、四川、广西一带的彝、苗、侗、布依、水、仡佬族的先民，或与这些民族的先民有着极其密切的关系。近年来，通过对数以百计的古彝文典籍和苗族、侗族等少数民族的古歌、传说的翻译和研究工作的全面展开，从而也为我们传递来不少有关古夜郎国情况的信息。如新中国成立后贵州毕节地区翻译的水西彝文巨著《恩布散额》及《水西制度》、《洪水泛滥史》等中，就有关于彝族六祖后裔约在战国时期迁入夜郎地区的记载。

而对于与"夜郎文化"有关的"滇文化"、"巴蜀文化"、"楚文化"以及广西壮族西部文化（特别是桂西地区古代文化）的综合、比较的研究，亦有助于克服重犯"夜郎自大"、眼界狭窄的毛病，给古夜郎研究者以全新的触发和启示。因为"夜郎文化"并不是孤立地发展起来的，它和这些比邻地区的文化是互相影响、互相渗透的。例如，1957年在贵州赫章县可乐区辅初出土的西汉中期铜鼓上，其造型和鼓饰船纹、牛纹和羽人，就与云南"滇文化"的"石寨山式"铜鼓、四川西昌"邛都夷"地区的铜鼓、广西西林铜鼓葬使用的铜鼓，多有相似之处。

考古工作者为探求夜郎古国投入了大量心血，遗憾的是由于未能找到夜郎王族或主体臣民的墓葬群，所以一直难以获得圆满的答案。笼罩在夜郎古国身上的重重迷雾，何时才能拨开呢？期待这一天早日到来。

月牙泉之谜

翡翠般的月牙泉，婉丽生姿，宛如一位美丽温存的少女，静卧在群山的臂弯、敦煌大漠的怀抱。于是有了史诗般的传说：月牙泉是位美丽痴情的南国少女，带着南国的灵秀，不远万里，来到浑朴犷悍的北方，寻觅她深爱的情人，可她太累了，于是倒在浩瀚的大漠上，一躺就是千年，漫卷的黄沙牵绕着她的梦幻。沙岭似长弓微弯，清泉如半月巧秀，真乃天地间最奇妙的结合。

月牙泉是一泓神奇的泉，自古以来就有传神的记载。敦煌遗书载："鸣沙山中有井泉，沙至不掩……绵历古今，沙填不满。"古诗中则云："四面风沙飞野马，一潭云影幻游龙、""银沙四面山环抱，一池清水绿漪涟。"千百年来，河西不少名城重镇、关隘哨卡为风沙埋没，许多村庄农舍、植被、牛羊，为黄沙侵袭。风沙吞噬了千年风华、百年繁荣。尽管鸣沙山"沙声吼如雷，声振数十里"，月牙泉却不被淹没，依然澄碧依旧、月弦如故，这不能不称之为"神"。月牙泉奇就奇在它千百年不枯不竭。狂暴的沙漠和静谧的清泉本是不共戴天，难以共存的，更何况处在暴热、干燥、蒸发量极大的沙漠气候的烘烤之中，沙和泉却能悖世之惯例，相克相生，沙不填、泉不枯，如此神奇景观，还得归功于自然的造化。

月牙泉位于鸣沙山沙峰漠谷间的小盆地中，为沙山环抱，南北最宽54米，东西长近300米，泉沿向南凹，向北凸，向东西两端逐渐变窄变尖，水面形状酷似一弯新月，泉水弓背的一面（北面）距泉边十多米处，是高耸200多米、峰峦陡峭的沙山主峰。南面是一片距水面几米高的沙土台地，过去台地上有寺院庙宇、殿堂道观百余所，楼阁亭台鳞次栉比，岸边沙枣树、榆树、杨树、红柳蔚然成林，景致壮观而幽雅，有些地方还种植庄稼，足见台地之广大。台地后面也是一座高大的沙山，与主峰遥遥相对；东西两面月牙尖岸则是逐渐高出水面的宽阔平缓之沙垄，起伏延伸。

月牙泉常盈不枯，恒久生存，还由于泉底有逆断层储水构造，属典型的古河湾风蚀残留湖，处在风蚀凹地和新月形沙丘间，也叫风成湖。以前鸣沙山中还有几个储水小湖，但都和古河道的大部分一起被流沙埋没，唯有月牙泉这片残留河湾地势较高，河流渗漏的地下水汇集于此，又受到周围特殊地形地势的保护，得以幸存。其水源来自鸣沙山下含水层位置较高的地下潜流，一般不受外界气候环境的影响，水量稳定，而月牙泉处在古河道河湾残留形成的湖盆洼地中，离潜水较近，容易接受地下水的补给。所以水面虽小，但底部水路畅通，涟漪荡漾。

△ 月牙泉

敦煌历来西南风较多，刮西风时，由于泉附近比较潮湿且以前有植被，近处沙坡低缓起伏，而较远处又为高山所围，因此沙刮不起来，而远处的沙又吹不到泉边；起南风时，泉南有广阔的高台及树木、建筑阻隔，沙子很难落入水中，同时还把北面山脚流泻下来的沙吹卷到鸣沙山上，从而防止了北山脚沙子堆积拥向月牙泉。起北风时，主峰另一面的沙子飞速地沿月环形沙丘向山梁上滚动，沙子沿山梁上滚，速度迅急，动能很大，所以吹到山背的沙子速度极快，而靠近月牙泉一边主峰坡度极陡，山脚距泉沿近而山高，因此沙子从山脊骤然飞起，凌空而过，飞越月牙泉，落到对岸。风越大，沙子落下距泉越远，而山下因有主峰为屏，几乎无风。这就是"虽遇烈风而泉不为所掩"及"沙挟风而飞响，泉映月而无尘"的原因所在。凡到过月牙泉的人，无不为泉不为风吹、不为沙填，纤尘不染的奇妙神秘的景观惊呼、赞叹。可以说月牙泉得天独厚的地理环境，就是大自然赋予它最好的保护神。

177

中国地理未解之谜

西藏的"绿色江南"之谜

"察隅好，入冬天不寒。山头雪积银世界，山谷樟叶泛青光，郁郁似江南。"这诗句是人们对察隅的赞美，也是人们对察隅的向往。这里山高林密，层峦叠嶂，岭上白雪皑皑，山腰云雾缭绕，山坡上森林郁郁苍苍，山谷间清泉流水潺潺，加上百鸟争鸣，蜂环蝶舞，异兽出没，真是一派江南风光。在富饶的察隅森林中到底有多少动植物种类，恐怕还是一个谜。

察隅地区位于青藏高原的东南角、喜马拉雅山脉呈"T"字形交汇处，东靠云南省，西接墨脱县，南邻缅甸、印度，北部是左贡、八宿、波密。整个地势北高南低，近似"簸箕"形迎向印度洋。东面是南北走向的横断山，层层山岳阻挡了东来的太平洋季风，北面是东西走向的念青唐古拉山，阻挡了南下的西伯利亚干冷气流，南面印度洋上孟加拉湾暖流所形成的高温高湿气流可以穿越喜马拉雅山各断口进入，因不能逾越东面和北面的高山而在本地回旋，因此形成这里温暖、多雨的自然气候。保护区内全年降水量达1000毫米以上，海拔1000~2500米的地区年平均气温10~20℃，年平均湿度约60%~70%，无霜期在200天以上。

在大约六千万年前的中生代，这里是古安加拉大陆和古岗瓦那大陆之间的古地中海，后来由于欧亚板块与印度板块的碰撞衔接，使地壳逐渐抬升，到距今2600万年的新生代第三纪始新世才开始脱海成陆。由于经历了湿热的滨海浅陆阶段，所以这里留有印度——马来西亚和地中海植物区系成分。之后，由于几次强烈抬升，致使喜马拉雅山脉的形成，泛北极植物区系中的一些温带、寒带成分也逐步迁移交流。

到了第三纪第四纪，地球上出现了几次冰川时期，北半球的大部分地区几乎全被冰川覆盖，生物体为了生存而被迫逐渐由北向南，由高向低退却。

△ 察隅美景

由于这里位于喜马拉雅南缘，加之沟壑纵横交错，成为生物退却逃亡过程中的"避难所"。随着冰川的退却，这些生物体也逐渐恢复到原住所，许多第三纪、第四纪植物得以保存，到现在被称为"活化石"。随着千万年大自然的造化，植物体本身的逐步适应，继而形成今天独特而又复杂的区系。有人将本地列入中国—喜马拉雅植物区系，也有人认为这一植物区系是中亚、东亚、喜马拉雅、印度、马来西亚和泛北极等植物区系的混合区系。

现代察隅河是雅鲁藏布江下游布拉马普特拉河的一条支流，大体呈南北向，上游由东西两条支流分别源自两个山脉，西支称贡日嘎布曲（也称阿扎曲），发源于岗日嘎布拉附近，东支称桑曲河，源自伯舒拉岭，两河均发育于不同地段的河谷，地形构造比较复杂，两岸山势低缓。由于季节性的山地河流在历史的发展过程中，常因暴雨而产生洪流，出山口时，坡降变小，流速减慢，所夹带的泥沙砾石，呈扇形堆积在山麓成为洪积扇。之后，地壳抬升，前缘受到主谷流水的切割，扇面高出现代河漫滩，而呈平台状，为植物的生存创造了良好的基础。这里高山带冰雪作用强烈，特别是山地迎风坡，现代冰川普遍发育。察隅自然保护区基本上和长沙、南昌等地在同一纬度上。可是这里山体高低相差悬殊，在水平距离几十公里的范围内，相对高差三四千米，最能反映这种自然特点的莫过于包括了亚热带、温带、寒带的垂直带植物谱了。如3200到2500米以下是山地常绿阔叶林带和云南松林带，3200米以下是山地阔叶混交林带，4200米以下是亚高山暗针叶林与灌丛带，4500米以下是高山灌丛草甸带，在此以上为冰雪带。每个森林带上分有：山地常绿阔叶林、山地落叶—常绿阔叶混交林、山地云南松林、针阔混交林、亚高山暗针叶林、常绿栎树林、高山疏林、高山灌丛8个森林植被型。其中又可分为几十个类型即：冷杉林、云杉林、铁杉林、云南松林、高山松林、高山栎林、水青树林、樟树林、芭蕉林、旱冬爪林、槭树林、桦、杜鹃灌丛等。在众多的森林植被类型中，据不完全统计，常见的高等植物有1000多种，其中木本植物达60多科，一140多属，300多种。现已被国家列为第一批重点保护的野生植物有：星叶草、长蕊木兰、云南黄莲、红椿、澜沧黄杉、木青树、长苞冷杉、黄蓍、黄牡丹、天麻、锡金海棠、红花木莲、楠木、南方铁杉的同属云南铁杉，八角莲的同属西藏八角莲、假人参、桃儿七、延龄草、厚朴等一十九刺五加又被国内外人认为具有扶正固体、添精补髓、增进饮食、健身长寿、健脑、健气之功效。近年来五加参名声大振，其中还经历过一段轩然风波。1978年，美国一家草药公司曾经经营我国的刺五加，不想联经营商竟向法庭提出诬告。说"刺五加的唯一来源是苏联西伯利亚，中国出产的刺五加是假药"。我国有关部门在科学家们的协助下，向法庭提出了有力的科学依据，说明中国刺五加历史渊流长、品质优于前苏联。美国法庭正式开庭宣判，中国胜诉，并对诬告者罚款。从此，刺五加成为百草之中的明珠。近代医学研究也表明：刺五加有与它的小兄弟人参相类似的作用，能调解人体的生理机能，不仅对失眠者能促进安眠，还能使睡眠过多的人减少睡眠，这种奇特的作用在其他药品中是少见的。

在察隅的森林里，每当暮霭初临天边，常听到洪亮的"咯咯"啼声清晰贯耳，它就是高原特有珍禽藏马鸡。藏马鸡也称白马鸡，藏语称"夏昂"，即白鸡之意。它体态袅娜，是著名的观赏鸡类，为我国重点保护的动物之一。在我国古籍《隋书·列传》中已有西藏"多白雉"的记载。"雉"是"鸡"的同义词。古人认为："白雉出而天下太平"，故历朝各地都捕捉白雉，作为贡品以示祥瑞。藏马鸡体重约5斤左右，它体羽灰白，头顶生有黑色的短羽，脸部鲜红，非常醒目，耳羽成白色的簇状，像两只短角突出于脑后，尾羽婆娑，闪着紫色金属光泽它们常栖于海拔3000米至雪线附近的高山地区。平时大多二三十只结群生活，并有一雄鸡高居枝头，担任警戒瞭望职能，一旦发现敌情就发出惊啼，其余皆闻声奔飞。在繁殖季节，雌雄成对的藏马鸡总是形影不离地度过一年中十分难得的"蜜月"。小鸡孵出后，父母带着"子女"们过结群生活。

　　进入阔叶林中，晚上常听到"喂喂"的声音，借着月光看到是一只头似老鼠，而比老鼠大的动物。据传它是林中的老鼠"修炼"成精，长出翅膀能飞的成精大鼠。其实不然，它是鼯鼠科的动物，俗称飞鼠。属亚热带或热带高山丛林动物，多生于阔叶混交林内，它并不会飞，因其体侧两边具有较薄的皮膜，借此在山林中滑翔。由于体色与树干色泽相似，伏在树干上往往很难发现，如敲打树干，它一直爬到树枝，开始展膜向下滑翔，着落时，头向上抬起，体呈垂直状，用前足抓住树干。飞鼠身长约40厘米，又粗又长的尾巴长达50厘米，是滑翔时的方向舵。它的面部像狸，眼睛似猫，嘴如老鼠，耳朵像兔，皮毛细亮如丝，光滑美观，可与水獭、貂皮媲美。飞鼠昼伏夜出，白天在树洞"闭目养神"，晚上出来觅食果实、嫩枝叶。它的粪便还是专治妇科疾病的良药"五灵脂"，别名"催生子"。飞鼠一般在树洞中繁殖，并用枝叶，干草铺垫成巢。它和蝙蝠一样，都是胎生，属于哺乳动物。

　　猕猴，藏语称"折吾"。是保护区内经常能见到的我国二类保护动物，也是森林中最活跃的分子。成年猕猴，体长60厘米左右，尾长近20厘米，全身毛灰褐，腰部以下橙黄，胸腹部和腿部深红色，颜色和耳裸出，幼时白色，成长后肉色至红色，姿态奇特，行为逗人发笑。猕猴属于灵长类，在进化史上是人类的近亲，是人类神经、生殖、行为、免疫、临床等科学研究和医学试验的最好替身材料。它的实用价值高，身上的猴枣属贵重药物，可治头昏和恶性肿瘤,猴膏是老人、小孩的滋补品,其胆汁与黑熊胆同样早被藏医所利用,其毛皮是西藏东部地区群众最喜欢制作御寒衣服的原料。

猕猴喜栖于阔叶林、混交林、多岩、多峭壁的山上。白天活动觅食,夜晚栖息岩洞或树上。行动敏捷,善于爬岩上树,更喜在悬崖上玩耍,会泅水,也常在林间追逐嬉戏,喧哗打闹,攀枝附藤,十分灵活。随着季节气候的变化,为了寻求食物和生活环境活动范围在海拔1000多至4000多米的地区。

生性精灵的猕猴,喜群栖家族生活,一群几十以至上百只中有老、中、青、幼等个体。群内社会分工比较明确,其中有一只强壮的公猴为王,常居高了望,十分威武,还有几只公猴为"元帅"或"将军",带领整个家族出没于山地林间,悬崖深涧。秋季,两群猕猴为了争夺一块丰盛的野果地,有时会发生一场"战争"。群内每年有一次猴王"竞选",几只强壮的公猴要进行一场"比武",强者为王,次者为帅,落选的猴王有不愿当帅而落荒而逃。当狡猾的猕猴发现有强敌袭来,放哨的"猴王"便发出"嚯、嚯"如哨般的告警声,群猴便在树上连窜带跳,或从沟底向山上,挟仔迅速逃跑。有时在深山被人驱赶时,往往推石头,丢石子或从树上摔枝,进行抵御。据猎人讲,个别猕猴实在无法逃避猎人的追捕时,便跪下伸出两个大拇指或指着乳房向他求情,有的猎人为之感动不愿再伤它们。猕猴每年秋冬为发情期,孕期半年,初夏产仔。小猕猴出生后知母不知其父,由母亲多方照顾,到了3岁后方能独立生活。

棕熊,藏语称"折蒙",因通体呈棕黑色故得名。分布于西藏东部以及南部林区,在阿里地区也有它的变种藏马熊,与它同样珍贵。它的毛皮价值比黑熊高,熊掌,熊胆的功能与黑熊相同,是一种十分名贵的药材。棕熊数量十分稀少,是我国二类保护动物。

棕熊体型较黑熊大,长约1.5至2米,尾巴短,具五趾,前足爪较后足为长。虽然全身呈棕黑色,但头部毛色较浅,稍带褐色。腹部毛色比背部浅,四肢黑色。棕熊多生活于阔叶林和针叶林混交地区,夏天喜欢到高山密林中。多白天活动,能爬树,善游泳,会直立行走,所以群众也称它为"人熊"。棕熊视力差,但嗅觉十分灵敏。顺风可闻到很远距离的气味,有经验的猎人都是逆风追捕,但很难如愿。

棕熊一年大部分时间过独居生活。除老虎以外,其他山中野兽都不是它的敌手。它一般不去与虎斗,但相逢时它自以为自己强壮有力,好胜心强,根本不把老虎放在眼里,一斗数日,斗到一定时候,老虎跳出圈外去找吃的,补充精力。而棕熊却傻乎乎地在原地整修场地,准备再战,吃饱的老虎回来继续与它斗,饿了又去找食,回来再战,经几次较量后把棕熊弄的筋疲力尽,最后斗败或者会被老虎把它吃掉,当地群众给它起名字叫"傻大哥"也不过分。但是平时取食时棕熊办法也很多,非常狡猾,有时群众安下的熊夹板,它不钻到夹子下面取食,而是从顶上抓个窟窿伸下前肢取诱饵吃,所谓的熊夹板只能对黑熊起作用,对棕熊无可奈何。传说它会学人骑马,并且在马后背打一掌,能将马胯打坏。以前保护区有一个牧场,3岁以下的牛经常被它收拾,所以曾派几名有经验的猎手设法把这个"怪物"干掉,结果适得其反,它骗得这些猎手们满山转圈,累得筋疲力竭,冻的到处受伤。最后还是没有如愿,只好又给它披上了一层新的神话色彩而告终。

在常绿阔叶林和针阔叶混交林下,有时会突然窜出一种皮毛花纹十分美丽、宛如云朵的动物,其毛柔软,并富有光泽,是制裘褥垫等皮物的珍贵原料,目前全国数量非常稀少,这就是国家一类保护动物——云豹。

云豹很像金钱豹,但体型较小。重约30—40斤,体长1米左右,尾长70~90多厘米。四肢短而矫健,全身黄色或灰黄色,其侧自前肢到臀部有不规则云块状黑斑纹,宛如云朵,故称"云豹"。它的颈背部有四条黑纹,中间两条止于肩部,外侧两条较粗,延续到尾基部。四肢黄色具有长形黑斑,腹部和四肢内侧黄色或有少数明显黑斑,尾与背色相同,但末端有数个黑环。云豹多生活于森林之中,活动在海拔1600~3000米的亚热带到暖温带气候的丛林或常绿林中。它是食肉动物,性情凶猛,善于爬树,很少到地下活动,白天在树上睡眠,晚上出来活动,常沿山脊和人行小道走。捕食的对象主要是鸟类、猴类、野猪、山羊等小型兽类。有时饿急了也想去对付大一点儿的兽类,可是一旦难以得逞就迅速逃跑。

稀少而难以见到的活动在保护区海拔3000米、多岩、阳坡的偶蹄类动物斑羚，是我国二类保护动物，也被国际贸易公约列入第一级严禁交易的动物。它属于牛科，但体形较小，似山羊，一般体重约60斤左右，体长90～110厘米，尾长13～17厘米，四肢短。雄雌兽都有一对短而直的角，斜向后方，二角基部很靠近。全身灰棕褐色，底绒灰色。额、下颚及喉部均呈棕色，喉后部有一块白色大斑。尾基部近于灰棕色，末端黑色。斑羚的外表颜色是很好的保护色，与岩石的周围环境融合在一起时很难辨出来。

夏天，斑羚多住在岩洞或垂岩下，站着或躺下休息。若有蚊虫叮咬时，则到通风的石崖上休息。斑羚的活动地点较固定，冬天到来后，海拔高处较冷，它们就由山顶下至森林里活动，但总不远离栖息地。通常结成4～8只的小群生活，个别老年雄羚多喜欢独栖，很易被其他天敌所伤害。斑羚行动敏捷善于攀登跳跃，从静止的姿态能一跳1米多近2米高。平时叫声和普通羊一般，遇到险情时会发出尖锐的哨声。为了躲避天敌的伤害，它们在清晨和傍晚时最活跃。春、夏、秋季主要吃草本植物、野果和草籽，冬季以苔藓、地衣、灌木的嫩枝叶为食。早晨觅食后便到溪边饮水，然后返回山岩进行休息，有时夜间也能活动。斑羚秋末冬初交配，怀孕期6个月，次年5～6月间产仔，一般每胎一仔，少有二仔。

保护区内珍贵的动物除前面介绍以外，还有金钱豹、豹猫、水獭、山驴子、猞猁、岩羊、青羊、小熊猫、大灵猫、血雉、红嘴相思鸟以及蟒蛇等动物。这里是动物的天堂，对大多数生活在城市环境中的人来说，察隅的动物们过着谜一样的生活。